Probleme beim Klimaproblem

Eike Roth

Probleme beim Klimaproblem

Ein Mythos zerbricht

Bibliografische Information der Deutschen Bibliothek:
Die Deutsche Bibliothek verzeichnet diese Publikation in der Deutschen Nationalbibliografie; detaillierte bibliografische Daten sind im Internet über http://dnb.ddb.de abrufbar.

1. Auflage 2019

Covergestaltung: Germancreative
Satz und Layout: Joh.-Christian Hanke

ISBN: 978-3-7481-8275-7

Bildnachweis: Abb. 1 Vahrenholt, Abb. 2 Maue, Abb. 3 Pielke, Abb. 4 WMO, Abb. 5 Spencer, Abb. 6 Quaschning, Abb. 7 Christy, Abb. 8 Meereisportal, Abb. 9 DMI, Abb. 10 und 12 Svensmark, Abb. 11 Roth, Abb. 13 Shaviv, Abb. 14 und 15 Alt.

Inhaltsverzeichnis

1 Einleitung

Der Mensch scheint einen Hang dazu zu haben, seinen selbst verschuldeten Untergang vorherzusagen. Hier ein Zitat, mit dem ich manchmal Vorlesungen zu Energie- und Umweltfragen eingeleitet habe:

> »Wir vergiften die Flüsse und die Grundbestandteile der Natur, wir verwandeln gerade das, was unsere Lebensgrundlage ist, in Nägel für unseren Sarg«.

So etwas hörten die Studenten erkennbar gerne. Sie haben es immer äußerst wohlwollend und mit zustimmendem Kopfnicken und Gemurmel aufgenommen. Dann habe ich den Autor genannt: Plinius der Ältere, in seiner Naturalis Historia, ca. 50 nach Christi. Das hat dann doch etwas Nachdenklichkeit ausgelöst.

Weltuntergangsprognosen gibt es also mindestens seit 2000 Jahren. Überraschenderweise leben wir heute aber immer noch. Wir leben sogar besser, mit besserer Gesundheit und höherer Lebenserwartung als je zuvor. Auch unsere Fähigkeiten und unser Wissen, wie wir uns gegen Erschwernisse und Belastungen jeglicher Art wehren können, sind so gut wie noch nie. Aber das alles nützt nichts, Pessimismus hat wieder einmal Hochkonjunktur. Insbesondere das Klima bietet sich für apokalyptische Vorhersagen an. Es vergeht kein Tag, an dem wir nicht mit einer beängstigenden Lagebeschreibung beglückt werden:

> Es ist fünf vor zwölf! Wenn wir unsere CO_2-Freisetzungen nicht schnellstens einstellen und unser Verhalten nicht grundlegend ändern, kommt es unweigerlich zu einer Katastrophe ungeahnten Ausmaßes. Um ein Grad ist es schon wärmer geworden und daran ist der Mensch schuld. Die Folgen sieht man schon. Über all das ist sich die Wissenschaft einig.

Diese Lagebeschreibung ist allgegenwärtig und variiert höchstens noch insofern, als es manchmal auch schon fünf nach zwölf ist. Wer öffentlich an dieser Lagebeurteilung zweifelt, dem wird Verantwortungslosigkeit vorgeworfen und er muss mit gesellschaftlicher Ächtung rechnen. Diskutiert wird nur noch über die Mittel, mit denen wir den erforderlichen CO_2-Ausstieg erreichen sollen. Dessen Notwendigkeit steht nicht mehr zur Debatte. Diese zu hinterfragen, wird vielfach bereits als Sakrileg erachtet.

Doch genau das will ich in diesem Buch wagen: Ich möchte die ausgefahrenen Gleise verlassen und der Frage nachgehen, wie abgesichert die zitierte Lagebeschreibung zum Klima tatsächlich ist. Und ob die Wissenschaft sich darüber wirklich so einig ist, wie immer gesagt wird. Denn die Welt ist sich offensichtlich nicht einig: Die USA haben den Rückzug aus dem Klimaabkommen von Paris beschlossen, der neue Präsident von Brasilien hat ihn angekündigt und auch in Australien und Kanada gibt es starke Strömungen für einen Austritt. In vielen Ländern erfreuen sich klimakritische Parteien großen Zulaufs. Im Staate Washington wurden in einer Volksabstimmung verschärfte Klimaschutzmaßnahmen mit überwältigender Mehrheit abgelehnt. In Frankreich haben sich die massiven Proteste der Gelbwesten an Klimaschutzmaßnahmen entzündet (erhöhte Steuern auf Benzin und Diesel). Die Aufzählung ließe sich fortsetzen. Außerdem hat sich das Klima im 21. Jahrhundert nicht so verhalten, wie es das nach den Rechenmodellen der »etablierten Klimawissenschaft« hätte tun sollen.

Es gibt also Zweifel und Widerspruch in der Welt. Berechtigt oder nicht, das soll hier untersucht werden. Vorher möchte ich aber nochmals kurz auf Plinius und alle anderen Untergangswarnungen der Zwischenzeit zurückkommen: Bisher waren alle falsch. Vermutlich wird auch diese falsch sein. Damit wäre eigentlich alles gesagt. Aber es gibt da noch das Sprichwort vom Krug, der so lange zum Brunnen geht, bis er bricht. Vielleicht ist das Brechen ja gerade jetzt angesagt und beim Klima sind die Warnungen tatsächlich berechtigt? Eine sorgfältige Diskussion ist daher sehr wohl notwendig. Mit meinem Buch will ich einen kleinen Beitrag hierzu leisten.

Zum Aufbau: In Kapitel 2 möchte ich auf die Klimaziele des Pariser Abkommens eingehen. Das Klima können wir aber nicht direkt beeinflussen. Wir müssen vielmehr erst die CO_2-Konzentration ermitteln, bei der sich das gewünschte Klimaziel einstellt (wenn CO_2 der wesentliche Klimatreiber ist). Diese CO_2-Konzentration können wir dann durch geeignete Beschränkung unserer CO_2-Freisetzungen ansteuern. Für diese Umrechnungen sind komplexe Computerprogramme erforderlich, die in Kapitel 5 diskutiert werden. Vorher aber will ich in Kapitel 3 noch untersuchen, ob bzw. wie nicht-klimatische Wirkungen des CO_2 zu berücksichtigen sind und in Kapitel 4 will ich den Wechselwirkungen von Klimaschutzmaßnahmen mit der Lösung anderer Probleme nachgehen. Kapitel 6 ist dann möglichen anderen Einflussfaktoren auf das Klima gewidmet. Kapitel 7 befasst sich mit Maßnahmen, mit denen wir versuchen oder versuchen sollten, das Ziel zu erreichen. Kapitel 8 ist dann eine Zusammenfassung in 25 Punkten und Kapitel 9 fasst für Kurzleser die wichtigsten Erkenntnisse in sechs kurzen Sätzen zusammen. Ganz am Ende erlaube ich mir noch einige Schlussbemerkungen, einschließlich einer Stellungnahme zu den Freitagsdemonstrationen der Schüler und Schülerinnen für mehr Klimaschutz.

2 Klimaziele

2.1 Klimageschichte und die Lage des Klimaoptimums

»Klima« ist der langjährige (meist 30 Jahre) Mittelwert von Wetterdaten. Sein Wesensmerkmal ist der Wandel. Geändert hat es sich schon immer, es ändert sich jetzt und es wird sich auch in der Zukunft ändern. Bekannt sind vor allem die Wechsel zwischen Warm- und Eiszeiten in etwa 100000-jährigem Rhythmus (wobei – wenn man die Geschichte fortschreiben darf – der nächste Wechsel langsam fällig wird, denn die Warmzeiten waren immer viel kürzer als die Kaltzeiten).

Aber auch in der jetzigen Warmzeit gab es erhebliche Klimaschwankungen. Abb. 1 zeigt die Temperaturentwicklung der letzten 12000 Jahre. Man sieht insbesondere viererlei:

- Erstens ein dauerndes Auf und Ab.

- Zweitens die höchsten Temperaturen vor ca. 4500 und 7000 Jahren.

- Drittens in den letzten ca. 4000 Jahren einen deutlich ausgeprägten Zyklus mit einer Warmperiode etwa alle 1000 Jahre, ohne insgesamt steigende oder sinkende Tendenz.

- Viertens am Ende des Betrachtungszeitraumes eine ähnliche Warmperiode ohne Besonderheiten (hierzu später mehr mit verbesserter Auflösung).

Da Schwankungen der Parameter der Erdumlaufbahn um die Sonne viel längerfristig sind, kommen als Ursache für die in Abb. 1 gezeigten Klimaänderungen wohl nur Schwankungen der Intensität der Sonne infrage, unterstützt vielleicht noch durch langfristige Änderungen der Meeresströmungen und der Vulkanaktivität. Der Mensch hatte in dieser Zeit sicher noch keinen Einfluss auf das (globale) Klima.

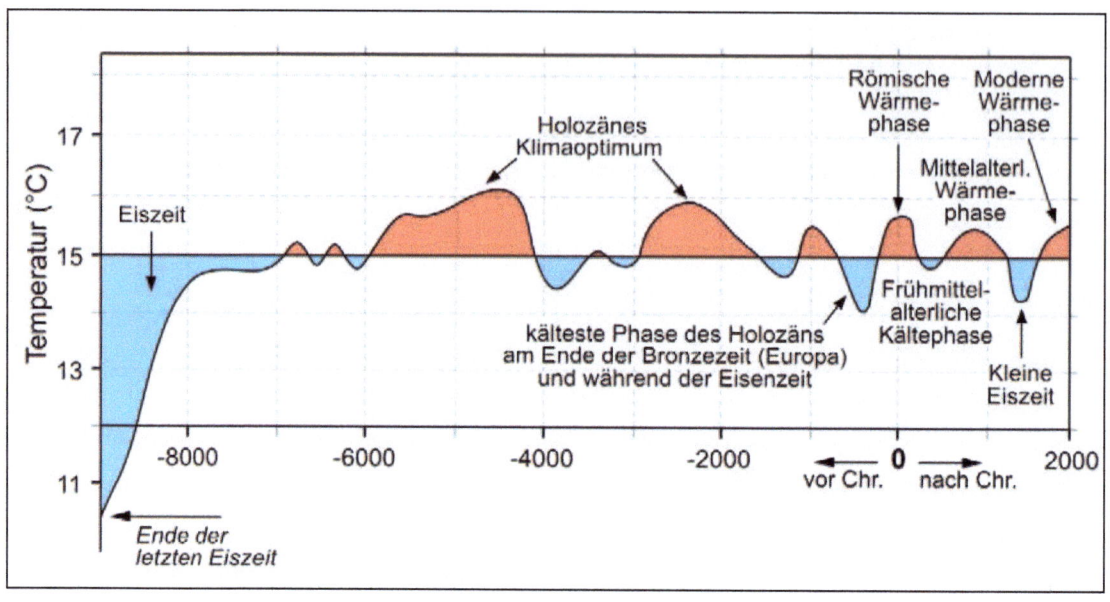

Abb. 1.: Entwicklung der global und jahreszeitlich gemittelten, bodennahen Lufttemperatur der Erde seit dem Ende der letzten Eiszeit. Quelle: /Var 2012/.

Prinzipiell ist der Temperaturverlauf gem. Abb. 1 seit Langem bekannt. Aus der Geschichte weiß man auch, dass es der Menschheit insgesamt in den warmen Zeiten stets besser gegangen ist als in den kalten:

- Das »Römische Klimaoptimum« hat die kulturelle Blüte und den Aufstieg des Römischen Weltreiches begünstigt.

- Die Kaltzeit danach war vermutlich mitverantwortlich für die Völkerwanderung und hat so zum Untergang dieses Reiches beigetragen.

- Das mittelalterliche Klimaoptimum hat einen Aufschwung in Europa, die Besiedelung von Island und Grönland und die ersten Fahrten nach Amerika (als «Vinland« bezeichnet) mit sich gebracht.

- In der »Kleinen Eiszeit« danach gab es in Europa weitverbreitete Missernten mit Hunger und Elend, was ganz wesentlich zur Auswanderung nach Amerika beigetragen hat.

- Heute mit wieder wärmeren Temperaturen sind auch unsere Lebensbedingungen wieder deutlich besser.

Folgerichtig hat man die wärmeren Zeiten immer schon als »Klimaoptimum« bezeichnet (»Römisches Klimaoptimum«, »Mittelalterliches Klimaoptimum«). Dabei wissen wir gar nicht, ob diese Bezeichnung überhaupt berechtigt ist: Es waren zwar die warmen Zeiten immer besser als die kalten, ob aber »noch etwas wärmere Zeiten« nicht »noch bessere Zeiten« wären, wissen wir nicht, da fehlt uns ganz einfach die Erfahrung. Bei Rückschlüssen aus den beiden »holozänen Klimaoptima« (Abb. 1) mit tatsächlich höheren Temperaturen ist Vorsicht geboten, weil die Informationen aus so alter Zeit spärlich sind. Aber immerhin hatte sich die Menschheit damals gewaltig weiterentwickelt. »Noch besser« bei »noch wärmer« ist daher keineswegs abwegig.

Zwischenergebnis Klimaoptimum: Wir wissen, dass es vor 1000 und vor 2000 Jahren etwa gleich warm war wie heute, dass die warmen Zeiten immer gut für die Menschheit waren und dass es uns auch heute besser geht als in den zurückliegenden kalten Jahrhunderten. Daraus abgeleitet können wir vermuten, dass »noch ein bisschen wärmer« uns gut tun würde. Das können wir aber nur vermuten, denn wo das Klimaoptimum tatsächlich liegt, wissen wir nicht. Wir wissen auch nicht, wie breit dieses Optimum ist und wie rasch es bei Überschreiten des Optimums wieder schlechter wird. Solange wir das nicht wissen, fehlt dem Klimaschutz das Fundament. Was auch immer wir tun oder lassen oder auch nur anstreben, wir können nicht sicher sein, dass es richtig und wichtig ist – und nicht unbedeutend oder gar falsch. Hier besteht dringender Forschungsbedarf.

2.2   Das Zwei-Grad-Ziel

Trotz dieser Unsicherheiten hat die Politik im Pariser Klimaabkommen von 2015 bekanntlich vereinbart, die globale Erwärmung auf »deutlich unter zwei Grad gegenüber dem vorindustriellen Wert« zu begrenzen, besser sogar auf »unter 1,5 Grad« /UN 2015/. »Vorindustriell« bezieht sich dabei auf die Zeit um 1850 herum. Damals war es zwar schon geringfügig wärmer als am Höhepunkt der Kleinen Eiszeit (ca. 1650), aber noch ungefähr ein Grad unter dem, was bisher als »Optimum« bezeichnet wurde. Auf solch ein historisch ermitteltes »Optimum« bezogen, heißt die Pariser Vereinbarung, dass dieses nur um »weniger als ein Grad« überschritten werden darf, besser sogar um »weniger als 0,5 Grad«. Welche Berechtigung gibt es für diese scharfe Grenze?

Ich möchte diese Frage noch etwas zuspitzen: Von den »zulässigen« zwei Grad bzw. 1,5 Grad haben wir ein Grad schon erreicht. Mit diesem Erreichen einher ging eine wesentliche Erhöhung unseres Lebensstandards, eine erhebliche Verbesserung unserer Gesundheit, fast eine Verdoppelung unserer Lebenserwartung und eine deutliche Abnahme von Hunger und Elend in der Welt trotz stark wachsender Bevölkerung. Ich glaube nicht, dass irgendjemand an dieser Lagebeurteilung ernsthaft Zweifel haben kann. Natürlich haben viele Faktoren zu dieser Entwicklung beigetragen, aber aus der gesamten geschichtlichen Entwicklung wissen wir, dass die eingetretene Erwärmung um ein Grad mitgeholfen hat, dieses hochwillkommene Ergebnis zu erreichen. Diese Erwärmung war ganz eindeutig gut und wir sollten uns über sie freuen! Ich wiederhole, wir sollten uns darüber freuen, freuen, weil durch sie vieles besser geworden ist. Aber die Erwärmung wird verdammt und wir sollen plötzlich enorme Anstrengungen unternehmen, um eine weitere Erwärmung um auch nur ein halbes Grad zu vermeiden. Sonst würden Katastrophen ungeahnten Ausmaßes drohen. Da müssen schon gute Argumente her! Die wollen wir uns nachfolgend ansehen.

2.3 Begründungen

2.3.1 Kipperscheinungen

Eine wissenschaftlich fundierte quantitative Begründung für gerade zwei Grad (1,5 Grad) als Ziel ist im Pariser Abkommen nicht enthalten. Auch sonst werden diese Ziele – wenn überhaupt – normalerweise nur qualitativ begründet. Aber selbst die Qualität scheint mir zum Teil diskussionswürdig zu sein.

Vielfach werden mögliche Kipperscheinungen im Klimasystem zur Begründung der niedrigen Zielwerte angeführt. Z. B. sind in den Permafrostböden in Sibirien und Nordamerika erhebliche Mengen CO_2 und Methan eingefroren, die beim Auftauen freigesetzt werden können. Methan ist eindeutig ein Treibhausgas, CO_2 sowieso, deren Freisetzung verstärkt daher den

Treibhauseffekt. Das setzt wieder mehr CO_2 und Methan frei, und so weiter. Nun wird befürchtet, dass ab einer gewissen Erwärmung der Prozess nicht mehr zum Stillstand kommen könnte, sondern sich von da weg selbstständig, ohne weiteren externen Antrieb, immer weiter aufschaukeln könnte, bis die Erde so heiß wird, dass sie für Menschen kaum noch bewohnbar wäre. Ein solcher Grenzwert wird als »tipping point« und das dann selbstständige Wechseln des Klimas hin zu einem neuen Zustand wird als »Kippen« des Klimas bezeichnet. So ein Kipp-Prozess ist natürlich prinzipiell theoretisch möglich (wie generell vieles theoretisch möglich ist), aber eine nachvollziehbare Argumentation, wie er tatsächlich abläuft und ab welcher Erwärmung der irreversible Ablauf wahrscheinlich wird, konnte ich nirgends finden. Das beschriebene Kippen bleibt eine theoretische Möglichkeit, mit deren Eintreten in der Praxis nicht gerechnet werden muss.

Es sind aber nicht nur fehlende Beschreibungen zu Start und Ablauf, die ablehnende Bewertung wird auch durch konkrete Beobachtungen bzw. Rekonstruktionen und durch eine grobe Quantifizierung unterstützt: Vor grob 5000 Jahren war es deutlich wärmer als heute (Abb. 1) und in noch viel weiter zurückliegenden Zeiten war es sogar viel wärmer. Es gab sogar Zeiten, in denen beide Pole der Erde völlig eisfrei waren (dann war wohl auch sämtlicher Permafrost aufgetaut, mit Ausnahme vielleicht auf ein paar wenigen hohen Bergen). Und es gab Zeiten, in denen die CO_2-Konzentration viel höher war als heute. Anzeichen dafür, dass es dabei jemals zu Kipperscheinung mit Weglaufen des Klimasystems in Richtung kaum bewohnbarer Heißerde gekommen wäre, gibt es keine (jedenfalls habe ich nirgends welche beschrieben gefunden). Warum sollte so etwas jetzt bei sehr viel kleineren Änderungen bevorstehen? Außerdem wird durch die Erwärmung in überschaubarer Zeit sicher nicht der gesamte Permafrostboden auftauen. Es wird nur seine Grenze etwas näher an den Pol heranrücken. Der Permafrostboden wird also nur etwas kleiner werden, aber ganz sicher nicht verschwinden. In etwa gleichem Ausmaß wird die Waldgrenze weiter polwärts nachrücken. Und Wald speichert viel CO_2. Die Klima-Rückwirkung aus dem tauenden Permafrost dürfte sich daher eher in Grenzen halten. Die Gefahr wird wahrscheinlich ganz wesentlich überschätzt.

Es werden noch andere mögliche Kipperscheinungen im Klima diskutiert, die sind m. E. aber auch nicht wahrscheinlicher. Wenden wir uns daher nochmals der Vergangenheit zu, vielleicht können wir noch ein bisschen mehr aus ihr lernen: Der einzige bekannte Vorgang, der eventuell als »Kippen« des Klimas bezeichnet werden könnte, ist der Wechsel zwischen Warm- und Eiszeiten. Von unserer jetzigen Warmzeit aus kann das Klima daher möglicherweise in eine Eiszeit »kippen« (wird es eventuell auch in nicht allzu ferner Zukunft tun), aber ein Kippen in eine extreme (und das Leben wesentlich erschwerende) Heißzeit hat es, wie gesagt, noch nie gegeben.

Zwischenergebnis Kipperscheinungen: Solche sind zwar theoretisch möglich, es gibt aber keine Anzeichen für eine akute Gefahr und alle diesbezüglich vorgetragenen Argumente sind massiv umstritten. Zur Begründung niedriger Temperaturgrenzwerte taugen Kipperscheinungen bei nüchterner Bewertung nicht.

2.3.2 Extremwetterereignisse

Ein weiteres immer wieder (qualitativ!) vorgebrachtes Argument für die genannten Temperaturgrenzen sind erwärmungsbedingte Zunahmen von Extremwetterereignissen. Seit 30 Jahren sagen die Klimamodelle so etwas voraus. Wie ich weiter unten zeigen werde, ist bisher aber noch nicht viel davon zu sehen, noch ist alles normal und «Wetter«, die Tendenz ist sogar eher beruhigend.

Verantwortlich für die erwartete Zunahme extremer Wetterereignisse soll der erwärmungsbedingt höhere Energie- und Wasserdampfgehalt der Luft sein. Dem steht jedoch entgegen, dass die Hauptantriebskraft für das Wetter auf der Erde örtliche Temperaturunterschiede sind, und weil beim Treibhauseffekt die Pole stärker wärmer werden als der Äquator, nehmen diese Temperaturunterschiede im globalen Maßstab mit zunehmendem Treibhauseffekt ab. Das sollte eher wetterberuhigend wirken. Was überwiegt, kann heute wohl niemand seriös beantworten.

Folglich hilft die Theorie nicht weiter, man ist vielmehr auf Beobachtungen angewiesen. Aber nicht auf Einzelereignisse, sondern auf (möglichst längerfristige und auch möglichst großräumige) Zeitanalysen. Zwei solche möchte ich beispielhaft herausgreifen: Tropische Wirbelstürme und globale monetäre Schäden durch Wetterkapriolen. Bei beiden wird immer wieder gesagt, sie hätten in letzter Zeit zugenommen. Dadurch wäre, so heißt es weiter, auch der Beweis für die sich anbahnende Katastrophe durch die anthropogene Klimaerwärmung erbracht.

Faktencheck: In Abb. 2 ist die Zahl der weltweiten tropischen Wirbelstürme von 1970 bis heute und in Abb. 3 sind die von 1990 bis Juli 2018 durch Wetterkapriolen jeglicher Art insgesamt verursachten Schäden wiedergegeben, /Maue 2019/ und /Pie 2018/. Abb. 2 zeigt in der oberen Kurve die tropischen Wirbelstürme insgesamt (alle Stürme mit maximaler Windgeschwindigkeit > 34 Knoten) und in der unteren Kurve die Stürme mit Hurrikanstärke (maximale Windgeschwindigkeit > 64 Knoten). Bei beiden Kurven sieht man bis etwa Mitte der 1990-er Jahre keine klare Tendenz und dann einen leicht abfallenden Verlauf. Abb. 3 zeigt recht klar einen Abfall. Die behauptete Zunahme stimmt ganz einfach nicht und damit ist auch der angebliche Beweis hinfällig. Man muss eben die Statistik ansehen und darf nicht aus Einzelereignissen schließen.

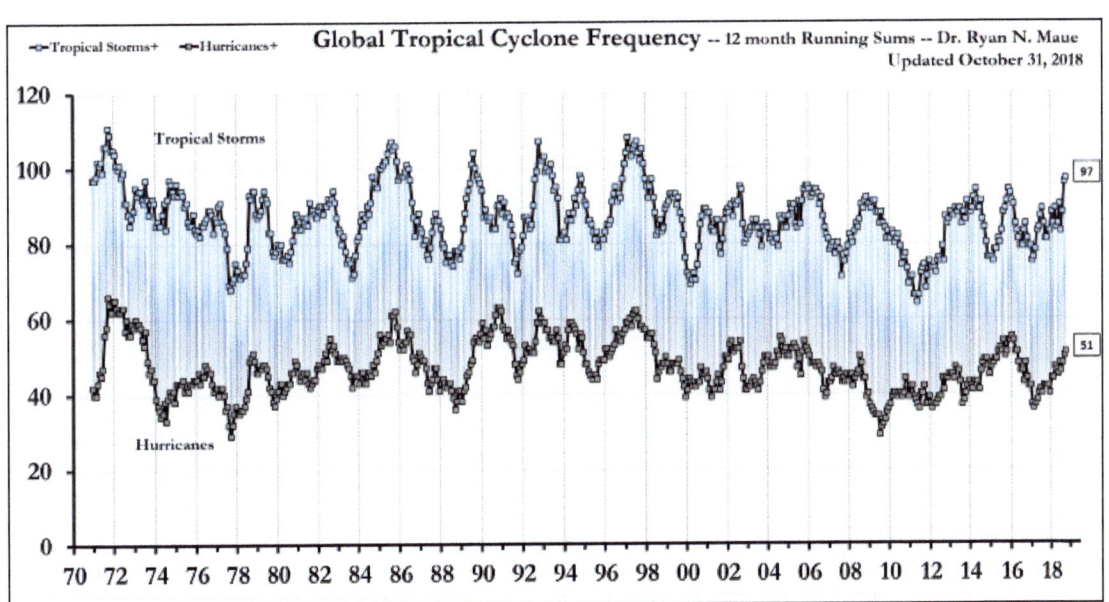

Abb. 2: Globale Häufigkeit tropischer Wirbelstürme 1970 bis heute. Die obere Kurve gibt alle Wirbelstürme an, die eine Windgeschwindigkeit >34 Knoten erreichten, die untere Kurve alle jene, die Hurrikanstärke erreichten (> 64 Knoten). Aufgetragen sind jeweils laufende Summenwerte für 12 Monate. Quelle: /Maue 2019/.

Noch eine kleine Ergänzung zu den Wirbelstürmen: Abb. 2 ist weltweit. Speziell das Festland der USA wurde 2017 von 2 Hurrikanen der Kategorie 4 getroffen (Harvey und Irma), während es davor 12 Jahre lang von schweren Hurrikanen (Kategorie 3 und größer) verschont blieb, das war der längste Zeitraum seit Beginn der systematischen Aufzeichnungen. Das eine wird gerne als Beweis für eine Zunahme der Hurrikantätigkeit ausgegeben, das andere als Beweis für das Gegenteil. Beides ist unzulässig, weil es Einzelereignisse sind. Nach /Klot 2018/ gibt es seit 1900 weder in der Frequenz noch in der Intensität der das Festland der USA treffenden Hurrikane einen signifikanten Trend.

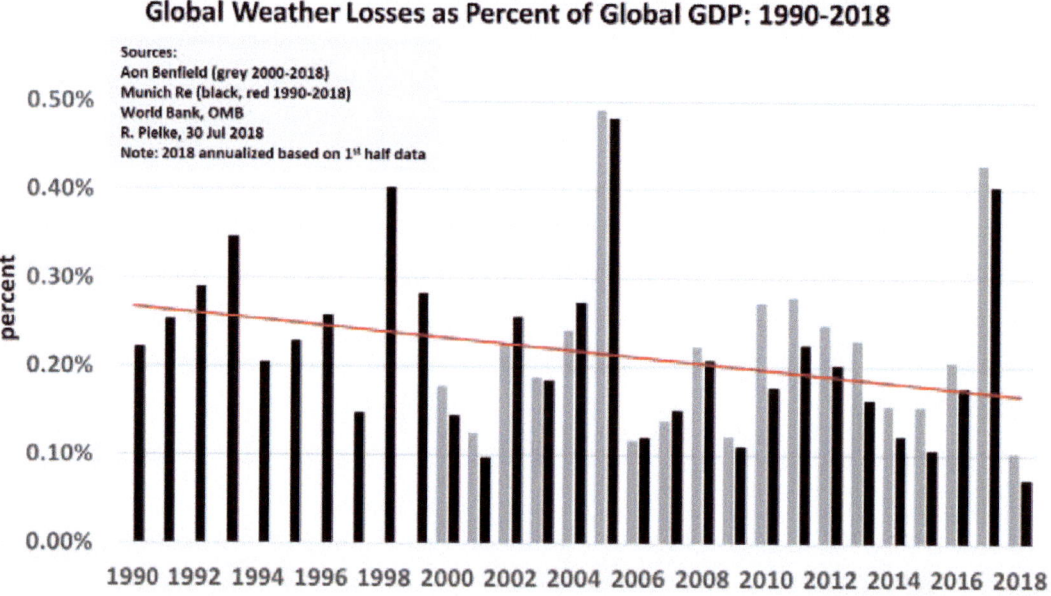

Abb. 3: Globale Schäden durch Wetterkapriolen 1990 bis 2018, zur Vergleichbarkeit über die lange Zeit gemessen in Prozent des jeweiligen globalen Bruttoinlandproduktes. Quelle: /Pie 2018/.

Tropische Wirbelstürme und globale monetäre Schäden durch Wetterkapriolen sind 2 Beispiele, es gibt noch viel mehr Beobachtungen mit stets gleichem Ergebnis. Ich habe eine einzige Ausnahme gefunden, bei der es tatsächlich eine statistisch signifikante globale Zunahme gibt: Die Zahl der warmen Tage ist größer geworden. Aber das ist bei einer Erwärmung (die wir zweifelsfrei in den letzten 100 Jahren hatten) eine triviale Begleiterscheinung und sagt nichts darüber aus, ob sich das Wetter insgesamt in Richtung extremerer Ereignisse verschoben hat. Dass dieses Argument überhaupt als »Beweis« für die Zunahme von Extremwetterereignissen vorgebracht wird, ist für mich ein Indiz dafür, dass es stichhaltige Hinweise auf so eine Zunahme nicht gibt.

Aber ob ein bestimmtes Wetter nun »extremer« ist oder nicht, ist sowieso eine nicht ganz so einfache Frage: 2018 gab es in Deutschland eine sehr lange Periode mit äußerst wenig Niederschlag und im Januar 2019 gab es sehr lange anhaltende und äußerst intensive Schneefälle. Bei beiden Ereignissen war die Länge das Ungewöhnliche und vielfach wird der Verdacht einer gemeinsamen Ursache geäußert: Infolge der Klimaerwärmung hätten sich die Jetströme so verlagert, dass großräumige Wetterlagen jetzt nicht mehr wie bisher typischerweise etwa 7 Tage lang angehalten, sondern deutlich länger. Das ist durchaus möglich, das Klima hat sich ja zweifellos geändert und im neuen Klima können selbstverständlich länger anhaltende Wetterlagen häufiger sein. Nur, was bedeutet das? Ist das Klima damit »extremer« oder ist es »stabiler« geworden?

Auch weltweit wird über das Jahr 2018 immer wieder gesagt, es wäre das Jahr mit den schlimmsten Wetterkapriolen gewesen. Diese würden beweisen, dass die Auswirkungen des menschengemachten Klimawandels bereits fühlbar sind. Erstens bin ich nicht so sicher, ob das mit den »schlimmsten Wetterkapriolen« überhaupt stimmt. Aktuelle Ereignisse erscheinen einem immer besonders wichtig, ihre statistische Einordnung muss aber stets gesondert überprüft werden, siehe die obigen Beispiele. Zweitens, selbst wenn 2018 tatsächlich das Jahr mit den schlimmsten Wetterkapriolen war, dann war das jedenfalls bis heute immer noch »Wetter« und nicht »Klima«. Drittens, selbst wenn sich in einigen Jahren herausstellen sollte, dass 2018 der Beginn eines Klimas mit extremeren Ereignissen war, würde das nichts über die Ursache der Klimaänderung sagen: Mensch oder Natur? Viertens schließlich war 2018 jedenfalls von der Temperatur her nichts Besonderes: Es war kälter als 2017 und 2017 war kälter als 2016, auch 1998, 2010 und 2015 waren wärmer als 2018 /UAH 2018/. Als »Beginn eines neuen Klimas« eignet sich 2018 daher kaum. Ich möchte das noch etwas schärfer formulieren: 2018 beweist nichts, außer, dass das Wetter sehr variabel ist.

Zwischenergebnis Extremwetterereignisse: Entgegen der weitverbreiteten Ansicht ist eine statistisch signifikante Zunahme extremer Wetterereignisse bisher nicht beobachtbar. Aber auch wenn sie eines Tages beobachtbar sein sollte, wäre sie zunächst einmal eine Folge der Erwärmung und würde noch nichts über die Ursache der Erwärmung aussagen. Falls die Natur Ursache ist, bleibt uns Menschen nichts Anderes übrig, als uns an die geänderten Verhältnisse anzupassen. Und wenn wir es selbst sind, hilft das auch.

2.3.3 Meeresspiegel

Vielfach wird die Notwendigkeit, das Zwei-Grad-Ziel (1,5-Grad-Ziel) einzuhalten, auch mit dem Anstieg des Meeresspiegels begründet. Dieser würde ganze Küstenstaaten bedrohen. Das wollen wir gleich näher untersuchen. Hier zunächst hinsichtlich der »normalen« Probleme des Meeresspiegelanstieges. Das Sonderproblem flacher Koralleninseln, die möglicherweise durch ansteigenden Meeresspiegel und wärmer werdendes Meerwasser gefährdet werden, kommt dann in Kapitel 2.3.4 dran.

Generell ist der Meeresspiegel in Warmzeiten um gut 100 m höher als in Eiszeiten, weil in Letzteren viel Wasser in Gletschern gespeichert ist. Einen solchen Anstieg um ca. 100 Meter gab es auch am Ende der letzten Eiszeit. Doch auch danach ist der Meeresspiegel noch langsam weiter angestiegen, mit deutlichen örtlichen und zeitlichen Unterschieden, insgesamt aber um etwa 5 Meter. Zurzeit steigt er im globalen Durchschnitt um ca. 2 bis 3 mm pro Jahr weiter an, in manchen Regionen deutlich schneller, in anderen langsamer, in manchen sinkt er sogar. Die Gründe hierfür sind vielfältig und nur zum Teil verstanden. Das immer noch anhaltende Auftauchen früher eisbelasteter Kontinente aus der Erdkruste, das Einbringen von Schwemmmaterial der Flüsse ins Meer und die vom Menschen betriebene Entnahme von Grundwasser mit letztendlicher Abgabe ins Meer zählen sicher dazu. Aber auch die erwärmungsbedingte Ausdehnung des Meerwassers und das Abschmelzen von Landeis. Meereis hingegen schwimmt und sein Schmelzen verändert den Meeresspiegel daher nicht.

Eine sorgfältige Analyse /Cur 2018/ kam zum Ergebnis, dass der Anstieg des Meeresspiegels im letzten Jahrhundert innerhalb der natürlichen Variabilität in den letzten Jahrtausenden lag. Eine Beschleunigung in der letzten Zeit und ein Einfluss des Menschen sind nicht zu erkennen. Wer hat recht, /Cur 2018/ und die vielen ähnlichen Aussagen, oder die alarmierenden Aussagen, die den Einfluss des Menschen zu erkennen meinen? Die Wissenschaft ist zerstritten! Ich wage es da nicht, Schiedsrichter zu sein.

Die heutigen Gebirgsgletscher sind zu klein, um einen großen Einfluss auf den Meeresspiegel haben zu können. Aber das Antarktiseis und das Grönlandeis sind riesig. In der Antarktis ist die Situation zweigeteilt: Auf der antarktischen Halbinsel und im Westantarktischen Eisschild scheint das Abschmelzen gegenwärtig klar zu überwiegen. Ursache hierfür ist sicher die allgemeine Erwärmung, es wird aber auch ein Beitrag durch zunehmende Vulkantätigkeit unter dem Eis diskutiert. In der sehr viel größeren Ostantarktis wächst das Eis demgegenüber ziemlich eindeutig. Bei Temperaturen immer noch weit unter dem Nullpunkt und mehr Niederschlag ist das auch plausibel. Die Gesamtbilanz der Antarktis ist klar positiv, wie Satellitenmessungen zeigen /NASA 2015/. Sogar so stark positiv, dass nach Meinung mancher Forscher die globale Landeisbilanz derzeit positiv ist.

Schwieriger ist es in Grönland, da sind die Aussagen noch stärker widersprüchlich. Insbesondere in den letzten Jahren wird aber nicht nur über ein Schrumpfen, sondern manchmal auch über ein Wachsen des Eises berichtet. In Kapitel 5.10 werde ich darauf nochmals zurückkommen.

Von manchen Autoren wird allerdings befürchtet, dass unser heutiges Tun einen unumkehrbaren Abschmelzprozess des grönländischen Eisschildes einleiten könnte. Dadurch würde der globale Meeresspiegel um ca. 7 m steigen und zahlreiche Städte und ganze Länder überfluten. Aber selbst wenn eine solche Entwicklung tatsächlich kommen sollte, würde sie auf jeden Fall viele Jahrtausende brauchen (und dann vielleicht in Konkurrenz zur nächsten Eiszeit stehen, die nach Erfahrung langsam fällig werden könnte, aber das ist ein anderes Thema). Rekonstruktionen aus dem Eem-Zeitalter, der Warmzeit vor der letzten Eiszeit, zeigen, dass es damals in Grönland 6000 Jahre lang um bis zu acht Grad wärmer war als heute. Das hat dem Eis natürlich zugesetzt, es aber nicht zerstört, nur etwa ein Viertel ist davon abgeschmolzen /Welt 2018/. Auch wenn es jetzt weiter wärmer wird (was niemand genau weiß, siehe Kapitel 5), wird das Grönlandeis wohl noch lange leben.

Bei einem Prozess, der, wenn er überhaupt kommt, viele Jahrtausende braucht, sind kurzfristige Maßnahmen wohl auf keinen Fall erforderlich. Ein solches Problem zu lösen, sollten wir besser unseren Fähigkeiten in 1000 Jahren überlassen.

Kurzfristige Maßnahmen braucht man demgegenüber aus ganz anderen Gründen: Man braucht sie beispielsweise gegen Überschwemmungen, die durch Sturmfluten, Monsunregen und dergleichen ausgelöst werden. Das sind die realen Probleme. Regelmäßig sehen wir entsprechende Bilder aus Bangladesch, Indien und anderen – vornehmlich armen – Küstenländern über den Bildschirm flimmern. Dagegen müssen wir etwas tun, unabhängig davon, ob die Häufigkeit zunimmt oder nicht. Was zu tun ist, das haben andere – wohlhabendere – Länder gezeigt. So wurden beispielsweise in Holland erfolgreich Deiche gebaut.

Ich kenne keine statistischen Werte, aber typische starke Sturmfluten in besonders überschwemmungsgefährdeten Gebieten könnten vielleicht bei etwa 5 m Höhe liegen. So hoch muss man dann die Deiche bauen. Ein solcher Deich muss nach vielleicht 100 Jahren neu gebaut oder zumindest generalsaniert werden. Wenn der Meeresspiegel – aus welchem Grund auch immer – um 3 mm pro Jahr steigt, muss man den neuen Deich dann eben nicht 5 m hoch bauen, sondern 5,30 m hoch. Außerdem muss man vielleicht woanders, wo man früher keinen Deich gebraucht hat, dann einen 30 cm hohen Deich bauen. Das sind die Auswirkungen des Meeresspiegelanstieges! OK, das kostet Geld und verlangt vielleicht weltweite Solidarität, rechtfertigt aber wohl keinesfalls eine völlige Umstellung unseres Energiesystems, wie sie zum Schutz des Klimas häufig gefordert wird.

Zwischenergebnis Meeresspiegel: Das eigentliche Problem ist nicht der langsame Anstieg um ca. 2–3 mm pro Jahr, sondern der oft plötzliche Anstieg um mehrere Meter in kürzester Zeit, ausgelöst durch Sturmfluten und dergleichen. Dagegen müssen wir etwas tun, unabhängig davon, ob wir einen Klimawandel haben oder nicht und unabhängig von dessen Ursachen. Und was wir dagegen tun, hilft auch gegen den langsamen Meeresspiegelanstieg und es hilft auch dann, wenn wir selbst diesen verursachen.

2.3.4 Südseeinseln

Immer wieder ist die Meinung zu hören, dass flache Inseln in tropischen Meeren vom Meeresspiegelanstieg besonders bedroht sind. Sie könnten, so wird gesagt, überschwemmt werden und von der Landkarte verschwinden.

Faktencheck: Grundsätzlich sind diese Inseln etwas Vergängliches. Vereinfacht ausgedrückt entstehen bzw. wachsen sie durch Vulkanausbrüche, Geländehebungen und Korallenwachstum und sie verschwinden bzw. schrumpfen durch Nachlassen/Verlagern der Vulkantätigkeit, Geländesenkungen und indem sie von Wellen weggespült werden. Auf sehr lange Sicht hin wird keine der heute vorhandenen Inseln überleben, aber neue werden kommen. Im Wettstreit zwischen Werden und Vergehen verändern die Inseln laufend ihre Gestalt und ihre Größe. Hinzu kommt noch der Meeresspiegelanstieg. Nach einer neueren Studie, /Duv 2018/, die 709 Inseln (einschließlich z. B. Marshall Inseln und Malediven) über mehrere Dekaden hinweg sorgfältig untersucht hat, waren 73,1 % der Inseln stabil, 15,5 % sind gewachsen und 11,4 % sind geschrumpft, verschwunden ist keine. Ein zerstörerischer Einfluss des steigenden Meeresspiegels auf die Inseln ist nicht zu erkennen. Außerdem hat die Studie noch ein weiteres relevantes Ergebnis erbracht: In den untersuchten Regionen war der Meeresspiegelanstieg stark unterschiedlich (von 2 bis 5 mm/a). Das hat aber keinen systematischen Einfluss auf die Ergebnisse gehabt. Auch das legt den Schluss nahe, dass der (langsame) Meeresspiegelanstieg keine große Bedeutung für die Inseln hat.

Besondere Beachtung in den Medien fand der kleine Inselstaat Tuvalu. Durch den Meeresspiegelanstieg wäre er komplett vom Untergang bedroht. Es wurden bereits Evakuierungspläne diskutiert. Tatsächlich ist die Fläche der Inseln in den letzten paar Jahrzehnten aber nicht geschrumpft, sondern sogar größer geworden /Ken 2018/.

Eine plausible Erklärung für diese zunächst überraschenden Befunde könnte aus einer besonderen Eigenschaft der Korallen resultieren: Diese wachsen besonders gut in einem bestimmten Abstand zur Wasseroberfläche. Steigt diese, wachsen die Korallen einfach mit. Beim Übergang von der letzten Eiszeit zur jetzigen Warmzeit ist der Meeresspiegel sehr viel schneller angestiegen, als er es jetzt tut. Die Korallen haben mithalten können und die

Inseln sind nicht verschwunden. Durch (langsamen) Meeresspiegelanstieg wird eine Koralleninsel wahrscheinlich nie untergehen.

Bei den Korallen wird noch ein weiteres Thema wissenschaftlich kontrovers diskutiert: Die Bedrohung durch die steigende Meerwassertemperatur. Erwärmungsbedingtes Absterben von Korallen wurde auch schon zweifelsfrei beobachtet. Aber es gibt auch Kritik an solchen Befürchtungen, z. B. /Rid 2018/. Basis hierfür ist eine besondere Eigenschaft der Korallen: Korallen sind Nesseltiere, die in einer Symbiose mit Algen leben, die Fotosynthese betreiben. Diese Algen sind einerseits Teil der Nahrung für die Korallen und geben ihnen andererseits ihre Farbe. Die Algen kommen in einem Korallenriff in vielen verschiedenen Arten vor. Je nach Temperatur wählen sich die Korallen eine ganz bestimmte Art der Algen aus, die sie in ihre Polypenzellen einbauen. Mit denen leben sie dann in Symbiose. Wird das Meerwasser wärmer, passen diese Algen nicht mehr und sie werden von den Korallen ausgestoßen. Dadurch verlieren die Korallen ihre Farbe (es kommt zur sogenannten »Korallenbleiche«) und viele Korallen sterben auch ab. Aber es sterben eben nicht alle Korallen ab, einige überleben. Diese bauen nach einiger Zeit neue Algen ein, die der neuen Temperatur entsprechen. Dann leben beide in Symbiose weiter, der Bestand erholt sich. Durch diesen Trick, einfach den Symbiosepartner auszutauschen, sind Korallen viel anpassungsfähiger an geänderte Umweltbedingungen als andere Tiere, die hierfür genetische Mutationen benötigen. Dementsprechend erholen sich Korallenriffe nach einer Korallenbleiche auch wieder relativ rasch und sie sind danach auch widerstandsfähiger gegen warmes Wasser. Da Korallen außerdem in warmem Wasser grundsätzlich besser wachsen als in kaltem, sind Korallenriffe wahrscheinlich besser resistent gegen Klimaerwärmungen als vielfach befürchtet. Aber unbestreitbar sind auch da noch weitere Beobachtungen notwendig.

Zwischenergebnis Südseeinseln: Koralleninseln sind lebendige Gebilde, die bei einem langsamen Anstieg des Meeresspiegels mitwachsen. Gegen Temperaturanstieg sind sie empfindlich, durch die Fähigkeit der Korallen, ihren Symbiosepartner zu wechseln, aber weit weniger, als vielfach angenommen. Einen Grund für enge Grenzwerte der Klimaerwärmung liefern Koralleninseln nicht.

2.4 Wie ist es zur Festlegung der Klimaziele gekommen?

Wie gesagt, das Zwei-Grad-Ziel (1,5-Grad-Ziel) des Pariser Klima-Abkommens ist eine politische Festlegung ohne quantitative Begründung in diesem Abkommen. Auch in der zugehörigen Literatur konnte ich keine solche finden. Nach meiner Erinnerung ist das Zwei-Grad-Ziel schon ziemlich früh in die Diskussion eingeführt worden, als eigentlich noch das Waldsterben im Vordergrund stand: Wald, so hieß es damals, gibt es zwar in allen Klimazonen, von heiß bis kalt, aber mit je unterschiedlichen Baumarten. Ändert sich das Klima langsam, bleibt der Wald erhalten, er tauscht nur seine Baumarten aus. Ändert es sich zu schnell, stirbt er ab. Als noch akzeptable Grenze nahm man 0,1 Grad pro Dekade an. Das ist natürlich eine quantitative Grenzangabe, aber es ist keine quantitative Begründung, weil niemand weiß, was der Wald wirklich verträgt. Als Ausdruck dieser Unsicherheit hat man damals auch dazu gesagt, dieser Temperaturgradient sollte besser nicht allzu lange anhalten, vielleicht wird es dann doch einmal zu viel. 0,1 Grad pro Dekade über 200 Jahre, hat man gemeint, da wird wohl noch nicht viel passieren. Mehr sollte man aber lieber nicht riskieren. Also hat man noch ergänzt, dass der Temperaturhub insgesamt möglichst nicht über 2 Grad hinaus gehen sollte. Dass der Temperaturhub zwischen einer Eiszeit und einer Warmzeit viel größer war und der Wald dabei nicht ausgestorben ist, hat man zwar gewusst, bei der Festlegung der zwei Grad aber offensichtlich nicht beachtet. Die Diskussion mit den 0,1 Grad pro Dekade ist dann langsam immer mehr in den Hintergrund getreten, wahrscheinlich, weil ihre Begründung zu unsicher war, aber die zwei Grad sind geblieben, nur nun eben ohne Herleitung.

Vermutlich war die Politik im Vorfeld zur Pariser Konferenz der Ansicht, man müsse ein griffiges Ziel mit einer einfachen Zahl vorgeben, wenn man etwas bewegen will. Das hat sie dann auch getan. Die zwei Grad wurden einfach gewählt, weil die Zahl nun schon einmal da war, vielleicht aber auch in der Bewertung, dass das Problem damit ernst aber doch noch steuerbar erscheint. Ein höherer Grenzwert hätte vielleicht niemanden hinter dem Ofen hervor gelockt, ein niedrigerer hätte vielleicht zur Resignation geführt, weil man »eh nichts mehr machen kann«. Also zwei Grad. Wieweit den handelnden Politikern dabei von Anfang an bewusst war, dass durch den gemachten Bezug auf die vorindustrielle Zeit (statt auf den Zeitpunkt der Pariser Konferenz) de facto nur mehr ein sehr kleiner Abstand zu Klimazuständen besteht, die bisher als »optimal« bezeichnet wurden, kann ich nicht sagen. Vielleicht war die Schärfe des Ziels auch nur ein Zufallsprodukt, aber zurück will natürlich keiner.

Die sachliche Begründung für die genaue Größe des Ziels ist also offen. Rein logisch kann die Festlegung eigentlich nur auf einem Abwägen der Folgen der Erwärmung gegenüber den Kosten zum Begrenzen der Erwärmung beruhen. Nehmen wir an, dass die zwei Grad so zustande gekommen sind. Später wurde das Ziel auf 1,5 Grad verschärft. Um das zu rechtfertigen, müssten mittlerweile die Folgen der Erwärmung schwerwiegender oder die Kosten der Vermeidung niedriger eingeschätzt werden. Für beides kann ich keine Grundlage erkennen. Die zwischenzeitlich gewonnenen Erkenntnisse sollten eher zum Gegenteil führen: Der Temperaturanstieg hat sich im 21. Jahrhundert verflacht (das wird in Kapitel 5 noch eine Rolle spielen) und die Erreichbarkeit des Zieles muss heute viel kritischer beurteilt werden als noch vor einigen Jahren. Die Unzulänglichkeit der bisher von den einzelnen Ländern vorgesehen Maßnahmen ist viel deutlicher erkennbar geworden und die Bereitschaft zu verstärkten Maßnahmen ist so gut wie nicht vorhanden. Die Verhandlungen auf der Klimakonferenz in Kattowitz haben das deutlich gezeigt: Man hat sich zwar auf Verfahren zum Messen und Vergleichen von Klimaschutzmaßnahmen einigen können, nicht aber auf ein Heraufsetzen der Klimaschutzzusagen oder darauf, die abgegebenen Absichtserklärungen verbindlicher zu machen.

Dass trotz dieser eher in die andere Richtung gehenden Entwicklung in den letzten Jahren eine Verschärfung des Zieles auf nunmehr 1,5 Grad vorgenommen wurde (von den zwei Grad spricht kaum noch jemand), scheint mir vor allem dem empfundenen Druck geschuldet zu sein, das Klimaproblem immer drastischer darstellen zu müssen, um das Interesse daran aufrecht zu erhalten. Möglicherweise haben auch die zum Teil rückläufigen Erwärmungsprognosen (langsamerer Temperaturanstieg im 21. Jahrhundert!) den Wunsch nach einer Zielverschärfung befördert, um das Problem nicht schrumpfen zu lassen. Es ist aber fraglich, ob die Zielverschärfung sich nicht sogar negativ auf die Akzeptanz auswirkt. Etwa mit der Argumentation, dass so niedrige Werte ohnehin nicht zu erreichen sind und es daher auch keinen Sinn macht, kostspielige Gegenmaßnahmen zu ergreifen.

2.5   Zwischenergebnis Klimaziele

Wo das Klimaoptimum liegt, wie breit oder schmal es ist und wie schnell die Lebensbedingungen bei Überschreiten wieder schlechter werden, wissen wir nicht. Wir wissen daher nicht, wo wir hinsteuern sollen. Überlegungen und Beobachtungen zu Kipperscheinungen, Extremwetterereignissen, Meeresspiegelanstieg und Überlebenschancen der Südseeinseln rechtfertigen niedrige Grenzwerte für die anthropogene Klimabeeinflussung jedenfalls nicht.

Bei rein sachlicher Betrachtung sind statistisch signifikante Änderungen bei extremen Wetterereignissen und beim Meeresspiegel als Folge der Erwärmung in den letzten 100 Jahren bisher nicht zu erkennen. Die Berichterstattung hat zugenommen, nicht aber die Anzahl und Stärke der Ereignisse. Sollte eine Zunahme eines Tages aber doch feststellbar sein, würde das immer noch nichts über die Ursache der Erwärmung aussagen. Es würde uns daher auch nicht die Auswahl des »richtigen« Vorgehens erleichtern: Sollen wir anstreben, die Erwärmung zu vermeiden (geht höchstens dann, wenn wir die wahre Ursache kennen), oder sollen wir uns besser an sie anpassen (das geht immer, vielleicht nicht so gut, wie wir es gerne hätten, aber zumindest ein großes Stück weit geht es immer)? Gesichert lässt sich zurzeit nur sagen, dass es Extremwetterereignisse und Meeresspiegelschwankungen immer schon gegeben hat, dass es sie jetzt gibt und dass es sie auch morgen geben wird; vielleicht häufiger, vielleicht auch nicht, aber geben wird es sie auf jeden Fall. Weil wir sie nicht verhindern können, bleibt uns gar nichts anderes übrig, als uns besser an ihre Folgen anzupassen. Gesichert ist auch, dass uns das auch dann hilft, wenn die Zunahme anthropogen verursacht sein sollte.

Unabhängig davon sollten wir dringend Forschungsanstrengungen zur tatsächlichen Lage des Klimaoptimums und zu den Folgen eines Überschreitens vorantreiben. Nur so können wir den klimatischen Blindflug beenden, den wir zurzeit nüchtern betrachtet betreiben. Und wir sollten selbstverständlich das Wetter und den Meeresspiegel weiter beobachten, uns dabei aber um möglichst große Objektivität bemühen.

2.6 Erwärmung übergeordnet betrachtet

Die Folgen einer eventuellen weiteren Erwärmung habe ich gerade teilweise diskutiert. Vielleicht ist es hilfreich, ergänzend zu versuchen, den Ablauf einer Erwärmung einmal gewissermaßen »von außen« zu betrachten: Auf der Erde haben wir sehr unterschiedliche Klimazonen. Deren Durchschnittstemperaturen überspannen vom Äquator bis zu den Polen einen Bereich von ganz grob etwa 50 Grad, die Extremwerte divergieren noch viel stärker. Wird es durch die globale Erwärmung um einige Grad wärmer, passiert – alle Details einmal weggelassen – dreierlei:

(1) Die kälteste Zone verschwindet.

(2) Alle übrigen Zonen wandern ein Stück weiter polwärts.

(3) In der Äquatorgegend kommt eine neue, etwas wärmere Klimazone hinzu.

(1) hat wohl keine größere Bedeutung: Dort wächst nichts, dort lebt niemand und »sehr kalte« Zonen, die wir bestaunen können, wird es auch weiter geben. (2) mag im Einzelnen große Schwierigkeiten mit sich bringen (hierzu gleich noch ein bisschen mehr), ist ansonsten aber nur eine örtliche Verlagerung bekannter Zustände. Die bewohnbaren und die landwirtschaftlich nutzbaren Flächen dürften dabei etwas größer werden, weil bisher große »zu kalte« Gegenden »freundlicher« werden (vor allem in Sibirien und im nördlichen Kanada). (3) schließlich beschreitet weitgehend Neuland. Um wie viel in den davon betroffenen Flächen Bewohnbarkeit und landwirtschaftliche Nutzbarkeit erschwert werden, ist nur schwer vorauszusagen. Es ist aber zumindest nicht unwahrscheinlich, dass mögliche Verluste hier insgesamt kleiner sind als die Gewinne nach (2).

Wenn das stimmt, hängen die globalen Folgen vor allem von zwei Problemfeldern ab: Gibt es, erstens, im Bereich der Erwärmung um einige Grad Kipperscheinungen, die die hier unterstellte kontinuierliche Entwicklung des Klimas nach bekannten Abläufen in eine ganz andere Entwicklung umwandeln? Dann können auch die Folgen ganz andere sein. Wie in Kapitel 2.3.1 dargelegt, gibt es für solche Kipperscheinungen aber keine Anzeichen. Eine stetige Entwicklung zu unterstellen, dürfte daher berechtigt sein.

Das zweite Problem bezieht sich auf die Geschwindigkeit, mit der die Klima-erwärmung abläuft. Ich komme zurück auf die vor vielen Jahren diskutierte und dann vergessene Grenze für die Geschwindigkeit der Erwärmung von 0,1 Grad pro Dekade. Die ist vermutlich unnötig niedrig, aber nehmen wir sie hier einmal probeweise als Maßstab an. In Kapitel 5 werden noch detailliertere Angaben zur Klimaentwicklung kommen, hier sei nur vorweggenommen, dass es seit 1850 bis heute um ca. 1 Grad wärmer geworden ist. Längerfristig gesehen sind wir vom angenommenen Grenzwert 0,1 Grad pro Dekade also noch deutlich entfernt. Zeitweise, z. B. in den Intervallen 1910 bis 1945 und von 1975 bis 1998 (Näheres in Kapitel 5, z. B. Abb. 4), wurde er aber überschritten. Gravierende Folgen sind keine zu erkennen. Für so kurze Zeiten darf der Grenzwert also sicher überschritten werden. Ist er auch insgesamt zu scharf? Wie gesagt, vermute ich, dass dem so ist. Aber wie auch immer, längerfristig wurde der Grenzwert bisher sowieso eingehalten und seit 1998 wird er ebenfalls wieder eingehalten (Kapitel 5). Wie es weiter geht, wissen wir nicht. Anlass zu Sorgen kann man aus diesem versuchsweise angenommenen Grenzwert jedenfalls nicht ableiten.

Bleiben wir aber noch einen Augenblick im Bereich (2). Da habe ich gerade gesagt, dass sich hier einfach bekannte Klimazonen polwärts verlagern. Zumindest bei den bisher eingetretenen Geschwindigkeiten ohne größere Turbulenzen. Dann könnte es z. B. in Deutschland (Jahresdurchschnittstemperatur 8,5 Grad) so warm werden, wie bisher in Frankreich (Jahresdurchschnittstemperatur 10,7 Grad). Wäre das so schlimm? Es würden vielleicht ein paar Urlaubsreisen weniger anfallen, Katastrophe kann ich darin keine erkennen.

Natürlich ist diese »übergeordnete Betrachtung« nur eine sehr grobe Überlegung und sie hat im Detail keine Beweiskraft. Aber auch sie gibt keinen Anhaltspunkt für besonders enge Klima-Grenzwerte. Die »richtigen« Grenzwerte müssen dringend noch weiter untersucht und diskutiert werden.

3 Das gute und das böse CO_2

3.1 Der Nutzen von CO_2, Wirkung 1 – Fotosynthese

Alles Leben auf der Erde beginnt mit Pflanzen, die mithilfe von Sonnenlicht Kohlehydrate herstellen (»Fotosynthese«). Aber das können sie nur, wenn sie zusätzlich zur Sonne auch Baumaterial zur Verfügung haben, neben Wasser brauchen sie vor allem CO_2. Je mehr sie davon haben, desto besser können sie »fotosynthetisieren«. CO_2 mag als Treibhausgas ein Schadstoff sein (ob das stimmt, wird im weiteren Verlauf des Buches noch näher untersucht), für das Leben ist es unbestreitbar ein Nutzstoff, mehr noch, für das Leben ist es schlichtweg unentbehrlich. Ohne CO_2 gibt es kein Leben! Das wird in der Klimadiskussion oft vergessen.

Dass die Fotosynthese bei mehr CO_2 in der Luft besser läuft, ist nicht nur graue Theorie, sondern wird tagtäglich in großindustriellem Maßstab ausgenutzt: Viele Gewächshäuser werden gezielt mit CO_2 begast, um die Erträge zu steigern. Die Fachleute haben auch schon einen Namen dafür: »CO_2-Dünge-Effekt«. Dieser Effekt funktioniert natürlich auch in der freien Natur: Mit mehr CO_2 wächst mehr. Je nach den herrschenden Randbedingungen ist das zusätzliche Wachstum unterschiedlich stark ausgeprägt, prinzipiell vorhanden ist es aber immer. Nach /Sci 2017/ ist die globale Fotosynthese als Folge der gestiegenen CO_2-Konzentration in den letzten 200 Jahren um 30 % angestiegen! Die Zunahme der Biomasse war so stark, als wäre ein ganzer neuer grüner Kontinent von der doppelten Größe der USA hinzugekommen /Sci 2016/. Sollen wir uns vor dem CO_2 wirklich fürchten?

Auch die Welt-Nahrungsmittelproduktion ist in den letzten 50 Jahren deutlich gestiegen, und zwar klar schneller als die Bevölkerung gewachsen ist. Natürlich gibt es immer noch viel zu viel Hunger und Elend auf der Welt, aber eindeutig weniger als vor 50 Jahren. Für die Entwicklung der Menschheit ist das immerhin ein Hoffnungsschimmer. Unbestreitbar ist ein Teil dieser Verbesserung auf verbesserte landwirtschaftliche Techniken zurückzuführen und auch andere Faktoren haben selbstverständlich eine Rolle gespielt. Aber ebenso unbestreitbar ist ein erheblicher Teil der Verbesserung dem CO_2-Dünge-Effekt zu verdanken, der Pflanzen bei erhöhter CO_2-Konzentration einfach schneller wachsen lässt. In den letzten 50 Jahren hat CO_2 dieserart zweifelsfrei Menschenleben gerettet, wahrscheinlich millionenfach, während zusätzliche Opfer aufgrund seiner Klimawirksamkeit bisher höchstwahrscheinlich keine eingetreten sind. Sollen wir uns vor dem CO_2 wirklich fürchten?

Die positiven Wirkungen von mehr CO_2 (verstärktes Pflanzenwachstum) sind so gravierend, dass sie angemessen mit den negativen Wirkungen (Klima) verrechnet werden müssen. Das scheint mir ethisch dringend geboten zu sein, geschieht bisher aber nicht. Die Wissenschaft hat hier noch viel zu tun!

3.2   Der Nutzen von CO_2, Wirkung 2 – Erwärmung

CO_2 ist ein Treibhausgas, d. h. ein Gas, das den Strahlungshaushalt der Erde beeinflusst: Es lässt das hereinkommende Sonnenlicht weitgehend unbehindert zur Erde durch, absorbiert die in den Weltraum hinaus gehende Wärmeabstrahlung der Erde aber zu einem erheblichen Teil. Weil Absorption immer Energiezufuhr bedeutet, wird die Atmosphäre durch diese Absorption erwärmt. Als Folge davon sendet sie nun ihrerseits Strahlung aus. Genau genommen tut das nicht die Atmosphäre an sich, sondern nur das in ihr enthaltene CO_2 (und die übrigen vorhandenen Treibhausgase), die Hauptbestandteile der Atmosphäre, Stickstoff und Sauerstoff, können Strahlung weder absorbieren noch emittieren. Diese Strahlung wird in alle Richtungen gleich ausgesendet, also je zur Hälfte nach außen in den Weltraum und zurück zur Erde. Die zur Erde zurückgehende Strahlung wird als »Gegenstrahlung« bezeichnet (weil sie der Wärmeabstrahlung entgegen gerichtet ist). Sie führt der Erde zusätzliche Energie zu, zusätzlich zur (unveränderten!) Einstrahlung von der Sonne. Dadurch erwärmt sich die Erde über das hinaus, was nur durch die Sonneneinstrahlung alleine bewirkt wird. Das ist der »Treibhauseffekt«. Ohne den Treibhauseffekt (bzw. ohne Treibhausgase in der Atmosphäre) wäre es ungemütlich kalt: Ca. minus 18 Grad! Erst der Treibhauseffekt macht die Erde für uns Menschen bewohnbar. Ohne ihn (ohne das CO_2) wäre es viel zu kalt. Sollen wir uns vor dem CO_2 wirklich fürchten?

Damit nochmals kurz zurück zum Befund in Kapitel 2.1, demzufolge eine kleine zusätzliche Erwärmung auch günstig für uns Menschen sein kann. Genau wissen wir das nicht, aber etwas mehr CO_2 könnte jedenfalls exakt so wirken. Daher nochmals die Frage: Sollen wir uns vor dem CO_2 wirklich fürchten?

Eine kleine Zusatzbemerkung muss ich noch machen zum Treibhauseffekt und zum zweiten Hauptsatz der Thermodynamik. Dieser ist eines der wichtigsten Grundgesetze der Physik. Er würde, so wird vielfach gesagt, eine Erwärmung der Erde durch die Gegenstrahlung nicht zulassen, also den Treibhauseffekt verbieten. Der zweite Hauptsatz legt nämlich ein für alle Male fest, dass Wärme von selbst immer nur vom wärmeren zum kälteren Körper übergeht. Die kalte Atmosphäre könne die warme Erde daher gar nicht (per Gegenstrahlung) weiter erwärmen. Aber das ist eindeutig falsch: Der zweite Hauptsatz regelt nur den Netto-Wärmeaustausch zwischen zwei Körpern. Es darf daher sehr wohl Strahlung vom kälteren zum wärmeren Körper gehen und diesem Wärme zuführen, es muss nur stets mehr Strahlung vom warmen Körper zum kalten Körper gehen und entsprechend mehr Wärme in dieser Richtung transportieren. Das ist beim Treibhauseffekt jederzeit erfüllt. Der zweite Hauptsatz verbietet den Treibhauseffekt demzufolge gerade nicht, letzterer existiert zweifelsfrei. Wir können daher sehr wohl seine Vorteile genießen (bewohnbare Erde), müssen aber selbstverständlich auch seine möglichen Nachteile in Kauf nehmen (potenziell zu viel Erwärmung). Wir müssen nur klären, wie groß diese Nachteile wirklich sind.

In Kapitel 5.9 werde ich nochmals auf die Physik des Treibhauseffekts zurückkommen.

3.3   Der Schaden durch CO₂: Zu viel Erwärmung

Wie dargelegt, wäre es ohne CO_2 (ohne den Treibhauseffekt) viel zu kalt. Wir Menschen würden dann gar nicht existieren. Aber beim Treibhauseffekt geht es nicht nur um »da« oder »nicht da«, sondern auch um seine Stärke. Schärfer noch, nachdem das »da« zweifelsfrei feststeht, geht es nur noch um die Stärke. Wenn die zu klein ist, ist es schlecht, dann frieren wir, und wenn sie zu groß ist, ist es auch schlecht, denn dann wird es uns zu warm. Wo liegt das Optimum und um wie viel wird es schlechter, wenn es überschritten wird?

Bevor wir Menschen eingegriffen haben, lag die CO$_2$-Konzentration jahrtausendelang ziemlich konstant bei etwa 280 ppm (parts per million, Millionstel Volumenanteile). Der darauf (und auf die anderen, natürlich vorhandenen Treibhausgase) zurückzuführende Treibhauseffekt wird »natürlicher Treibhauseffekt« genannt. Er tut uns zweifelsfrei gut. Seine Verstärkung durch unser Tun wird »anthropogener Treibhauseffekt« genannt. Ein kleines Stück davon mag uns auch noch gut tun (Kapitel 2.1 und 3.2), zu viel wird aber auf jeden Fall schlecht. Wo dieses »zu viel« beginnt, das müssen wir ermitteln. Es geht dabei um den quantitativen Zusammenhang zwischen Zunahme der CO$_2$-Konzentration und Erwärmung. Das ist rein sachlich der eigentliche Kern der ganzen Klimadiskussion. Drauf werde ich in Kapitel 5 detaillierter zurückkommen.

Hier erlaube ich mir nur noch, auf die alte Weisheit von Paracelsus zu verweisen, dass die Dosis das Gift macht. Das gilt auch beim CO$_2$. Und ich möchte ergänzen, dass es beim CO$_2$ nicht auf die Dosis im Sinne der verabreichten (hier der freigesetzten) Menge ankommt, sondern auf die sich einstellende Konzentration in der Atmosphäre. Der Unterschied wird in meinen Augen meist viel zu wenig beachtet. Die Konzentration, nicht die Freisetzung, bestimmt den Treibhauseffekt, die Konzentration, nicht die Freisetzung, bestimmt, ob zusätzliches CO$_2$ nützlich oder schädlich ist. Da ist noch vieles offen, wie wir in Kapitel 5 sehen werden.

3.4 Vom Klimaziel zum CO$_2$-Ziel

Schauen wir uns einmal nüchtern an, wie das Klimaproblem bisher gehandhabt wird:

- Vorneweg wird (auf wenig transparenter Basis) ein Ziel für das Klima vorgegeben: Maximal X Grad Erwärmung. Von diesem Ziel ausgehend wird dann alles Weitere abgeleitet:

- Es wird (anhand der Klimawirksamkeit des CO$_2$) die diesem Ziel entsprechende CO$_2$-Konzentration angegeben.

- Es wird (in Abhängigkeit von der Verweilzeit des CO$_2$ in der Atmosphäre) gesagt, wie weit wir zum Einhalten dieser Konzentration unsere CO$_2$-Freisetzungen reduzieren müssen (meist heißt es, dass wir sie sogar vollständig einstellen müssen).

- Und es wird erklärt, dass dieses Reduzieren nur durch weitgehende Umstellung unserer Energieversorgung auf Wind und Sonne möglich ist.

Dass ich alle auf diesem Weg gemachten Vorgaben für quantitativ nicht ausreichend begründet, zum Teil sogar für eindeutig falsch halte, und dass ich für einen Erfolg auf diesem Weg keine Chancen sehe, habe ich an anderen Stellen in diesem Buch begründet. Ob ausreichend und zu Recht, möge bitte dort beurteilt werden. Hier möchte ich etwas grundsätzlichere Kritik am Vorgehen üben: Es ist einfach der falsche Weg. CO$_2$ erwärmt nicht nur das Klima, sondern erhöht zweifellos auch das Wachstum von Pflanzen (Kapitel 3.1). Wenn wir unserer Verantwortung auch für die vielen Armen und Hunger Leidenden auf dieser Welt gerecht werden wollen, dürfen wir kein isoliertes Klimaziel vorgeben. Wir müssen vielmehr beide Einflüsse des CO$_2$ berücksichtigen, sie gegeneinander abwägen und daraus dann ein optimiertes CO$_2$-Ziel ermitteln, das beide Aspekte ausgewogen befriedigt. Dieses CO$_2$-Ziel sollte dann Leitschnur für unser Handeln sein.

Das mögen manche Klimaschützer nicht, weil es logisch zwingend einen höheren CO$_2$-Grenzwert ergibt als das isoliert betrachtete Klimaziel, so etwas darf in ihren Augen prinzipiell nicht sein. Aber »Mögen« oder »Nicht-Mögen« und »Sein Dürfen« oder »Nicht-Sein-Dürfen« ändern nichts an der Sachlage. CO$_2$ wirkt sich auf das Klima *und* auf die Ernährungssituation aus und beides muss berücksichtigt werden. Um wie viel höher der so zu ermittelnde CO$_2$-Grenzwert ist, muss die Wissenschaft noch beantworten. Potenziell kann der Unterschied erheblich sein, die Aufgabe ist also wichtig. Statt von Konsens zu reden, sollten wir dieses Abwägen einfordern.

Dass aber auch das immer noch nicht alles ist, werden wir in Kapitel 4 sehen.

4   Der gute und der böse Klimaschutz

4.1   Das Dilemma

Die meisten Maßnahmen zur Reduzierung der anthropogenen CO_2-Freisetzungen kosten Geld, sogar viel Geld. Wäre das nicht so, bräuchte man zu ihrer Umsetzung keine mühsam ausgehandelten internationalen Verträge mit Zwängen und komplizierten Überprüfungsmaßnahmen. Dieses Geld fehlt uns dann zur Lösung anderer Probleme. Das Reduzieren der Klimafolgen wird unvermeidbar durch die Zunahme anderer Folgen erkauft, ob wir das zur Kenntnis nehmen wollen oder nicht!

Wenn wir verantwortlich vorgehen wollen, müssen wir daher nicht nur negative und positive CO_2-Folgen gegeneinander abwägen (Kapitel 3.4), sondern auch das Klimaproblem gegenüber anderen Problemen. Falls sich dabei herausstellt, dass bei bestimmten Maßnahmen die positiven Auswirkungen hinsichtlich des Klimaschutzes kleiner sind als die negativen Auswirkungen infolge erschwerter Lösbarkeit anderer Probleme, dann sollten wir solche Maßnahmen unterlassen. Auch dann, wenn sie beim Klimaschutz viel Erfolg hätten.

4.2   No-Regret-Maßnahmen

Aber es gibt auch einige Ausnahmen: Klimaschutzmaßnahmen, die kein Geld kosten, weil sie sich selbst tragen, oder Maßnahmen, die sich aus anderen Gründen rechtfertigen und »nur nebenbei« auch für das Klima gut sind. Solche »No-Regret-Maßnahmen« benötigen kein weiteres Abwägen, wir sollten sie auf jeden Fall durchführen, auch wenn das vielleicht in manchen Fällen hinsichtlich des Klimas nur vorsorglich ist. Doch teure Klimaschutzmaßnahmen müssen auf jeden Fall gegenüber der Verwendung des Geldes für andere Maßnahmen abgewogen werden. Das fordert ganz einfach die unabänderliche Begrenztheit unserer Mittel.

4.3 Hunger, Elend und Anderes mehr

Hunger und Elend begleiten die Menschheit von Anbeginn an. In den letzten Jahrzehnten sind sie zwar kleiner geworden, auch absolut kleiner trotz wachsender Bevölkerung, aber sie sind nach wie vor ein existenzielles Problem, insbesondere in den Entwicklungsländern. Täglich sterben unzählige Menschen an Unterernährung, verseuchtem Trinkwasser, mangelnder Hygiene und dergleichen. Kann es überhaupt ein vordringlicheres Ziel geben, als hier Linderung zu schaffen? Und zwar möglichst rasch, denn das Problem ist hier und heute und ohne jeden Zweifel da, nicht morgen und ungewiss, wie das für mögliche Folgen unserer CO_2-Freisetzungen gilt.

Außerdem besteht zwischen dem »Klimaschutz« und dem »Kampf gegen Hunger und Elend« nicht nur der allgegenwärtige Konkurrenzkampf um das liebe Geld (was der eine bekommt, geht dem anderen ab), sondern auch eine direkte Wechselwirkung: Diese erfolgt über das Bevölkerungswachstum. Mehr Menschen auf der Erde brauchen nicht nur mehr Nahrungsmittel (und andere Ressourcen), sondern auch mehr Tätigkeiten, bei denen CO_2 freigesetzt wird. Mehr Menschen erschweren es also, die CO_2-Freisetzungen klein zu halten.

Das Bevölkerungswachstum einzudämmen, sollte daher auch für den Klimaschutz ein dringendes Anliegen sein. Wie die Erfahrung zeigt, erreicht man eine solche Eindämmung am besten durch Anheben des Lebensstandards. Das wiederum erreicht man, wie ebenfalls die Erfahrung zeigt, am besten durch billige, für jedermann und möglichst jederzeit verfügbare Energie. Nach Lage der Dinge kann das auf absehbare Zeit nur über fossile Energieträger erfolgen.

In den industrialisierten Ländern ist die Entwicklung jedenfalls genau so verlaufen: Mit der Energieverfügbarkeit für jedermann und zu jeder Zeit stieg der Lebensstandard gravierend an und mit ihm sank das Bevölkerungswachstum drastisch ab, zum Teil sogar bis ins Negative (und dass die Menschen in diesen Ländern heute gesünder und länger leben als je zuvor, sollte auch nicht vergessen werden!). Wenn wir durch Klimaschutzvorschriften den Entwicklungsländern diesen Weg verbauen, werden wir aller Voraussicht nach nicht nur Hunger und Elend vergrößern, sondern es werden zukünftig auch mehr Menschen gleichzeitig auf der Erde leben. Und mit der Zahl der Menschen wird auch deren Klima-Einfluss steigen.

Stellen wir einmal die humanitäre Frage zurück, betrachten wir nur den Klimaschutz: Die Frage, ob es für diesen vorteilhaft ist, durch die verstärkte Nutzung billiger Energie zunächst eine Erhöhung der CO_2-Freisetzungen in Kauf zu nehmen, um dann über die beschriebene Wechselwirkung mit dem Bevölkerungswachstum längerfristig eine Reduzierung zu erreichen, ist noch nicht beantwortet.

Zwischenbemerkung: Manchmal wird gesagt, dass die Menschen in den Entwicklungsländern ihren Energiehunger besser mit Erneuerbaren Energien stillen sollten als mit Kohle, Öl und Gas. Das erinnert mich an die seinerzeitige Königin von Frankreich (die österreichische Kaisertochter Marie Antoinette), die bei Ausbruch der Französischen Revolution den aufbegehrenden Menschen geraten hat, wenn sie kein Brot hätten, dann sollten sie doch Kuchen essen. Ende der Zwischenbemerkung.

Nach meiner Bewertung sind Hunger und Elend mit Abstand das größte Menschheitsproblem. Aber es gibt natürlich noch zahlreiche andere Probleme. Drei möchte ich noch kurz diskutieren: Gesundheit, Bildung und Migration.

- Gesundheit: Dass mit mehr Geld mehr Gesundheit zu erreichen ist, bedarf wohl keiner näheren Begründung. Dabei geht es nicht nur um die akute medizinische Betreuung, sondern auch um Forschung und Weiterentwicklung. Wäre mit dem Geld für den Klimaschutz vielleicht der Krebs zu besiegen? Was ist dem Kranken wichtiger, was dem Gesunden?

- Bildung: Eine verbesserte Bildung und Erziehung unserer Kinder ist wahrscheinlich die beste Versicherung zum Bestehen zukünftiger Herausforderungen. Aber Deutschland schafft es nicht einmal, sich über 5 Milliarden Euro für die Digitalisierung an den Schulen zu einigen (jedenfalls ist das im Herbst 2018 nicht gelungen). Eine Energiewende jedoch, die 1000 Milliarden Euro kostet /Altm 2013/ (und keinen Erfolg haben wird, wie ich in Kapitel 7 zeigen werde) wurde ohne mit den Wimpern zu zucken beschlossen! Ist da nicht einiges grundlegend schief?

- Migration: Massen-Migration aus vielen Ländern ist zu einem enormen Problem geworden. Vor einer Verschärfung durch Klimaflüchtlinge wird gewarnt. Wir sollten daher verstärkte Anstrengungen zur CO_2-Reduktion unternehmen, heißt es. Was aber, wenn mit dem gleichen Geld, das diese Anstrengungen kosten, die Lebensbedingungen der Menschen vor Ort sich so verbessern ließen, dass die Menschen keinen Grund zur Flucht mehr haben?

In meinen Augen müssen wir immer mehr tun, als, wie das Kaninchen vor der Schlange, immer nur auf den Klimaschutz und die favorisierten Abhilfemaßnahmen zu starren. Der Blick auf ein Problem (den Klimaschutz) darf den Blick auf andere Probleme nicht verstellen.

4.4 Gesamtoptimierung

In Kapitel 2 habe ich gezeigt, dass wir uns beim Klimaschutz eigentlich im Blindflug befinden. Wir wissen nicht einmal gesichert, ob das Zwei-Grad-Ziel (erst recht das 1,5-Grad-Ziel) oberhalb oder unterhalb des Klimaoptimums liegt. Verstärkt wird die Unsicherheit hinsichtlich der Richtigkeit unseres Handelns, weil wir – jedenfalls bisher – bei dessen Festlegung den Einfluss von CO_2 auf das Pflanzenwachstum schlichtweg unberücksichtigt lassen (Kapitel 3). Auch unberücksichtigt lassen wir bisher, welche Folgen unsere Maßnahmen zum Klimaschutz auf unsere Lösungsfähigkeit anderer wichtiger Probleme haben (Kapitel 4.3). Nur wenn wir das alles mit berücksichtigen, kann der insgesamt beste Weg gefunden werden!

Um es nochmals ganz deutlich zu sagen: Es geht nicht einfach nur darum, ob der eingeschlagene Weg genau oder nur so ungefähr in die richtige Richtung führt, es geht vielmehr darum, dass er möglicherweise überhaupt in die falsche Richtung führt! Solange wir keine Gesamtoptimierung betreiben, mit Einschluss der positiven Wirkungen von CO_2 und unter Berücksichtigung der Auswirkungen des Klimaschutzes auf andere Probleme, können wir genau das nicht ausschließen. Deswegen ist die Gesamtoptimierung so wichtig.

Hier besteht noch dringender Diskussionsbedarf. Sofern hierzu noch weitere Forschungsanstrengungen notwendig sind, sollten die mit höchster Priorität vorangetrieben werden. Wenn wir wirklich in die falsche Richtung gehen, erschweren wir das Problem für nachfolgende Generationen erheblich.

5 Klimamodelle

5.1 Problembeschreibung

Unser Klima hat sich laufend geändert und es wird sich auch zukünftig ändern. Die Ursachen für all diese Änderungen kennen wir nicht genau. Extrapolationen aus der Vergangenheit in die Zukunft sind daher problematisch. Wir helfen uns deshalb mit computergestützten Berechnungen. Aber das Klima der Erde ist ein äußerst komplexes System, das sich auch mit den größten Computern nur mithilfe vieler Annahmen und Näherungen berechnen lässt. Schlimmer noch, das System ist nicht nur komplex, sondern auch prinzipiell chaotisch. Das heißt, dass schon kleinste Änderungen in den Rechenannahmen extreme und unüberschaubare Auswirkungen auf das Ergebnis haben können. Veranschaulichen lässt sich die Problematik chaotischer Systeme mit dem bekannten Beispiel vom Flügelschlag eines Schmetterlings in Brasilien, der einen Tornado in Texas auslösen kann /Lor 1972/. Chaotische Systeme sind nicht prinzipiell unberechenbar, aber die Rechnungen sind immer mit einem erheblichen Unsicherheitsfaktor behaftet. Das dürfen wir beim Klima nicht vergessen. Wie zuverlässig die Rechnungen sind, möchte ich nachfolgend diskutieren.

5.2 Klimasensitivität

5.2.1 Definition

Vorab eine Definition: Die Erwärmung der Erde (global und jahreszeitlich gemittelte, bodennahe Lufttemperatur) bei Verdoppelung der Konzentration eines Treibhausgases in der Atmosphäre wird als »Klimasensitivität« (»Climate Sensitivity«) dieses Treibhausgases bezeichnet. Dabei wird noch zwischen der »transienten Klimasensitivität« (»Transient Climate Response«, TCR) und der »Gleichgewichts-Klimasensitivität« (»Equilibrium Climate Sensitivity«, ECS) unterschieden. Die transiente ist der Wert, der in dem Moment vorliegt, in dem die doppelte Treibhausgas-Konzentration erreicht wird. Dieser Wert ist natürlich abhängig davon, nach welcher Zuwachskurve die doppelte Konzentration erreicht wird. Zur Vereinheitlichung hat man sich darauf geeinigt, eine kontinuierliche exponentielle Zunahme um 1 % pro Jahr zugrunde zu legen (das entspricht einer Verdoppelung in etwa 70 Jahren). Der Gleichgewichtswert wird erreicht, wenn die Treibhausgas-Konzentration auf dem doppelten Wert festgehalten und dann so lange gewartet wird, bis das gesamte Klimasystem insgesamt einen neuen Gleichgewichtszustand erreicht hat. Dieser Wert ist unabhängig vom Verlauf der Konzentrationskurve bis zur Verdoppelung, es kann aber sehr lange dauern, bis er erreicht wird. Wenn nichts Anderes dazu gesagt ist, meine ich in diesem Buch immer die Gleichgewichts-Klimasensitivität.

5.2.2 Energiebilanz und Strahlungsantrieb

Um verschiedene Einflüsse auf das Klima bewerten zu können, wurde das Konzept der »Energiebilanz« und des »Strahlungsantriebs« (»Radiative Forcing«) entwickelt: Dabei wird ein Klimazustand danach beurteilt, wie sehr er die Energiebilanz der Erde verschiebt. Die Energiebilanz ist die Differenz aus absorbierter Sonneinstrahlung und emittierter Infrarotabstrahlung des Systems »Erde + Atmosphäre«. Diese Differenz wird als »Strahlungsantrieb« (»Radiative Forcing«) des sie verursachenden Klimazustandes bezeichnet. Bilanziert wird prinzipiell am oberen Ende der Atmosphäre (»top of atmosphere«, TOA), sodass alle Absorptionen und Abstrahlungen, auch aus den höchsten Schichten der Atmosphäre, berücksichtigt werden. Ist der Strahlungsantrieb null, ist das System im Gleichgewicht und verändert sich nicht. Bei einem Wert ungleich null erwärmt sich die Erdoberfläche so lange (oder sie kühlt sich so lange ab), bis die Bilanz wieder ausgeglichen ist. Es wird davon ausgegangen, dass diese Erwärmung oder Abkühlung proportional zum Strahlungsantrieb und unabhängig davon ist, was den Strahlungsantrieb verursacht hat (Diskussion weiter unten).

Der Strahlungsantrieb eines bestimmten Klimazustandes wird grundsätzlich im Vergleich zu einem Referenzklima ermittelt, von dem angenommen wird, dass es sich im Gleichgewicht befindet. IPCC wählt hierfür generell das Klima des Jahres 1750. Das war zwar noch nicht ganz im Gleichgewicht, das wird aber vernachlässigt und es wird angenommen, dass die absorbierte Sonneneinstrahlung und die Infrarotabstrahlung mit jeweils 240 W/m² genau gleich groß waren.

Mit diesem Referenzklima wird dann das zu beurteilende Klima verglichen. Dabei werden zunächst nur Klimazustände betrachtet, die sich vom Referenzklima nur in einem Parameter unterscheiden, z. B. in der Konzentration eines Treibhausgases oder eines Aerosols, in der Landnutzung, in der Intensität der Sonne, etc. Diese Änderung wird schlagartig angesetzt. So wird z. B. einfach eine verdoppelte CO_2-Konzentration und alles Andere gleich wie 1750 angenommen. Dann wird ausgerechnet, wie sehr sich durch diesen geänderten Parameter die absorbierte Solareinstrahlung und/oder die Infrarotabstrahlung von Erde + Atmosphäre ändern. Die Differenz der beiden ist dann der »Strahlungsantrieb« des geänderten Klimazustandes.

So erhält man für alle wichtigen Parameter des Klimas eine Information, wie sehr das Klima aus dem Gleichgewicht gebracht wird (wie stark der »Strahlungsantrieb« ist), wenn sich dieser Parameter schlagartig um einen bestimmten Wert ändert. Auf einen anderen Wert der Parameteränderung wird linear umgerechnet. Ändern sich mehrere Parameter, werden die Strahlungsantriebe zu einem Gesamt-Strahlungsantrieb addiert. Aus dem Gesamt-Strahlungsantrieb kann dann die Gesamt-Temperaturänderung errechnet werden.

Ein Problem ergibt sich dadurch, dass nicht alle Folgen einer Parameteränderung direkt von dieser verursacht werden, sondern z. T. indirekt als Folge direkt verursachter Änderungen eintreten. Z. B. absorbiert mehr CO_2 mehr Infrarotstrahlung und verstärkt dadurch den Treibhauseffekt (direkte Wirkung). Als Folge davon verdampft mehr Wasser. Wasserdampf ist aber selbst ein Treibhausgas, mehr Wasserdampf in der Atmosphäre verstärkt daher den Treibhauseffekt (indirekte Wirkung). Solche indirekte Wirkungen werden auch als »Rückkopplungen« bezeichnet. Sie können prinzipiell verstärkend oder abschwächend wirken. Sie zu berücksichtigen, muss man die aus dem Strahlungsantrieb errechnete Temperaturänderung noch mit einem »Rückkopplungsfaktor« multiplizieren. Mehr dazu in Kapitel 5.2.5.

Das Konzept des Strahlungsantriebs ist logisch aufgebaut und hilfreich, um beispielsweise abzuschätzen, mit welchen gezielten Änderungen man die ungewünschte Änderung eines Klimaparameters ausgleichen kann. Allerdings gilt das Konzept nur näherungsweise. Insbesondere die Gleichheit der Temperatur-Auswirkungen eines bestimmten Strahlungsantriebes unabhängig vom Ausgangszustand und unabhängig von der Ursache der Klimaänderung sowie die lineare Addierbarkeit von Strahlungsantrieben aus verschiedenen Ursachen gelten bestenfalls näherungsweise. Außerdem laufen die verschiedenen Effekte nach sehr unterschiedlichen Zeitkonstanten ab, sodass die zu beobachtenden Folgen stark vom Beobachtungszeitraum abhängen.

Daher werden Verfeinerungen des Konzeptes versucht. Insbesondere hat sich IPCC darauf geeinigt, beim Referenzklima Veränderungen in der Stratosphäre, die als Folge der zu beurteilenden Parameteränderung rasch ablaufen, schon vor dem Vergleich als erfolgt anzunehmen (»stratospherically adjusted radiative forcing«, auch als »effektiver Strahlungsantrieb« bezeichnet). Nur an der Erdoberfläche und in der Troposphäre werden für den Vergleich tatsächlich die Zustände berücksichtigt, die im originalen Referenzklima gelten. In der Sache ist das eine Verschiebung kurzfristig auftretender Folgeänderungen von den Rückkopplungen in den Strahlungsantrieb. Eine weitere Folge dieser Änderung ist, dass die Bilanzzone vom oberen Ende der Atmosphäre (TOA) in die Tropopause verschoben wird (die Tropopause ist die Trennschicht zwischen der Troposphäre, in der sich unser Wetter abspielt, und der Stratosphäre, die stabil geschichtet und damit ohne »Wetter« ist; typischerweise liegt die Tropopause in ca. 8 bis 15 km Höhe). Der Strahlungsantrieb ist dadurch jetzt die Netto-Strahlungsflussdichte (Differenz zwischen Ein- und Ausstrahlung) durch die Tropopause. Die Erfahrung zeigt, dass man mit dem »stratospherically adjusted radiative forcing« bessere Ergebnisse erzielt als mit der ursprünglichen Definition.

Bei allen Unschärfen und Diskussionen im Detail hat sich das Konzept des Strahlungsantriebes als Bewertungssystem durchgesetzt. Wenn man auch die Rückkopplungen berücksichtigt, erhält man mit diesem Konzept im Falle der Verdoppelung einer Treibhausgaskonzentration als zu bewertendem Klimazustand definitionsgemäß die »Klimasensitivität« dieses Treibhausgases.

5.2.3 Nur CO_2

CO_2 ist hinsichtlich der anthropogenen Klimabeeinflussung das wichtigste Treibhausgas. Seine Absorptionseigenschaften sind sehr genau vermessen und in der HITRAN-Datenbank zusammengestellt. Damit lassen sich für eine trockene Atmosphäre mit nur CO_2 als Treibhausgas dessen Strahlungsantrieb bei verdoppelter Konzentration und die dazugehörige Erwärmung der Erdoberfläche relativ leicht berechnen: Bei 70 % Absorption der Sonneneinstrahlung (d. h. 30 % Reflexion, wird üblicherweise angenommen) beträgt der Strahlungsantrieb in der Tropopause 3,7 W/m² und die Erwärmung der Erdoberfläche (also die Gleichgewichts-Klimasensitivität des CO_2, wenn dieses alleine wirkt) beträgt ca. 1,1 Grad Celsius. Diese Werte sind praktisch unumstritten. Ebenso unumstritten ist aber auch, dass diese Erwärmung schlichtweg zu klein ist, um in absehbarer Zeit zu schwerwiegenden Klimaauswirkungen zu führen. Zu solchen kommt man nur, wenn man erhebliche zusätzliche Verstärkungen aus Rückkopplungen annimmt. Mit solchen erwärmt sich die Erde natürlich stärker. Ist die Erwärmung stark genug, kann das klarerweise auch gravierende Folgen haben. Die »etablierte Klimawissenschaft« macht genau das, sie geht von einer erheblichen Verstärkung aus.

5.2.4 Korrekturfaktoren

Doch der Reihe nach. Der angegebene Rechenwert von 1,1 Grad Erwärmung für eine Verdoppelung des CO_2 gilt, wie gesagt, für eine trockene Atmosphäre mit nur CO_2 als Treibhausgas und er gilt auch nur für senkrechte Strahlung, weil die HITRAN-Datenbank eine solche unterstellt. Auf der realen Erde gilt das alles nicht, es müssen daher Korrekturfaktoren angebracht werden:

1. Für schräg ausgesandte Strahlung: Die Infrarotabstrahlung von der Erde aus und aus den einzelnen Schichten der Atmosphäre ist nicht gerichtet, sondern geht in alle Richtungen gleich. Als Folge davon wird die Atmosphäre auch schräg durchstrahlt, d. h. auf längeren Wegen. Dadurch wird die Absorption gegenüber den Rechnungen mit HITRAN erhöht. Grob lässt sich hierfür ein Korrekturfaktor von etwa 1,3 abschätzen. Um diesen Faktor muss auch die Erwärmung erhöht werden.

2. Für Überlappungen mit Wasserdampf: In einer trockenen Atmosphäre ist definitionsgemäß kein Wasserdampf vorhanden. Real ist aber immer auch Wasserdampf in der Atmosphäre enthalten. Wasserdampf ist genauso ein Treibhausgas wie das CO_2. Er fängt also auch Infrarotquanten ein und diese stehen dann für das CO_2 nicht mehr zur Verfügung. Man könnte auch sagen, dass der Wasserdampf dem CO_2 etwas von seiner Wirkung wegnimmt. Dadurch reduziert sich die Absorption im CO_2 und

damit auch die Erwärmung der Erde, die dem CO_2 zuzuordnen ist. Aus den Messungen der Abstrahlung der Erde von Satelliten aus (»Satellitentrichter«) lässt sich ein Reduktionsfaktor von etwa 0,7 abschätzen.

3. Für Wolkenbedeckung: In einer Atmosphäre mit Wasserdampf sind immer auch Wolken vorhanden. Im Schnitt ist grob geschätzt im Mittel etwa die Hälfte der Erdoberfläche mit Wolken bedeckt. Wolken absorbieren Infrarotstrahlung jedoch komplett (jedenfalls dichte Wolken). Was das CO_2 in den Wolken und das darunter dann noch machen, hat auf die Strahlungsbilanz der Erdoberfläche im Bereich der Wolkenbedeckung keinen Einfluss. Die Wirkung des CO_2 wird hier durch die Wirkung der Wolken völlig überdeckt. Nehmen wir einmal an, dass im Bereich der Wolken 1/3 des CO_2 oberhalb der Wolken ist (m. E. konservativ infolge der Dichteabnahme der Atmosphäre mit der Höhe). Dann wirkt hinsichtlich des Treibhauseffektes nur mehr dieses Drittel. Gegenüber dem wolkenlosen Zustand ist der Treibhauseffekt in diesem Bereich daher auf 1/3 seiner Größe reduziert. Insgesamt ergibt sich daher infolge der Wolkenbedeckung ein Reduktionsfaktor von 0,5 (wolkenlose Hälfte) + 0,5×0,33 (wolkenbedeckte Hälfte), in Summe also $\approx$ 0,7.

Berücksichtigt man alle drei Korrekturfaktoren, beträgt die Erwärmung insgesamt $1,1 \times 1,3 \times 0,7 \times 0,7 \approx 0,7\,°C$. Dieser Wert beruht weitgehend auf den physikalischen Eigenschaften des CO_2 und des Wasserdampfes. Nur die Wolkenbedeckung mit 50 % und dass bei den Wolken ein Drittel des CO_2 oberhalb der Wolken ist, sind angenommene Werte, die mir aber durchaus plausibel erscheinen. Etwa 0,7 Grad Erwärmung bei einer Verdoppelung der CO_2-Konzentration dürfte daher ein realistischer Wert sein, solange man keine weiteren Rückkopplungen berücksichtigt (hierzu Kapitel 5.2.5).

Gegen den Abzug infolge Wolkenbedeckung könnte man vielleicht einwenden, dass ein CO_2-Molekül immer den gleichen Treibhauseffekt bewirkt, es weiß ja gar nicht, ob auch noch andere CO_2-Moleküle oder gar Wolken da sind und was die tun. Stimmt, aber nur, wenn es tatsächlich zum Treibhauseffekt beiträgt. Mit Wolken ist das aber nur bei einem Teil der CO_2-Moleküle der Fall. Die anderen, die in oder unter den Wolken sind, die wirken nicht, jedenfalls leisten sie keinen Beitrag zum Strahlungshaushalt der Erde. Dieser wird hier nur noch von den Wolken bestimmt, unabhängig vom CO_2, siehe gerade. Die Konzentration, über die die Klimawirksamkeit des CO_2 definiert ist, bezieht sich aber auf alle CO_2-Moleküle in der Atmosphäre. Tragen einige nicht bei, reduziert sich die Klimawirksamkeit des CO_2 entsprechend. Auf der realen Erde muss die Klimasensitivität des CO_2 daher infolge der Wolkenbedeckung prinzipiell reduziert werden, der Faktor 0,7 ist sicher eine gute Abschätzung.

Zur Überlappung der Absorption von CO_2 und Wasserdampf sei noch angemerkt, dass dieses Problem zwar prinzipiell gleichartig für jedes andere Treibhausgas gilt, meist aber keine großen Auswirkungen hat, da alle Treibhausgase nur in relativ eng begrenzten Energiebereichen Infrarotstrahlung absorbieren, sodass sich meist nur sehr wenige Überlappungen mit den Absorptionsbereichen des CO_2 ergeben. Nur beim Wasserdampf ist die Überlappung stark ausgeprägt und weil gerade dieser real auch immer in erheblichen Mengen in der Atmosphäre vorhanden ist, ist hier die Reduktion erheblich.

5.2.5 Rückkopplungen: Die Verstärkung durch Wasserdampf

Wasserdampf ist aber auch insofern ein besonderes Treibhausgas, als, wie schon angeführt, seine Konzentration in der Atmosphäre sich mit dem Treibhauseffekt verändert: Sie steigt, wenn der zunimmt, weil dann mehr Wasser verdampft. Das verstärkt den Treibhauseffekt! Dadurch verdampft nochmals mehr Wasser, dessen Dampf wiederum den Treibhauseffekt verstärkt, und so weiter. Irgendwann einmal kommt das zum Erliegen, weil der Effekt immer kleiner wird, da die Absorption in Treibhausgasen generell einer Sättigung zustrebt und auch weil die gerade geschilderte Überlappung immer breiter wird. Doch wenn man andere Effekte außer Acht lässt, dann ergibt sich auf jeden Fall eine merkliche Verstärkung aus der Rückkopplung über den Wasserdampf. Nach Meinung der »etablierten Klimawissenschaft« ist die so stark, dass dadurch der Treibhauseffekt zu einer echten Bedrohung für die Menschheit wird. Zahlen hierzu kommen in Kapitel 5.2.6.

Doch dieses »andere Effekte außer Acht Lassen« ist nicht berechtigt. Es gibt zumindest einen ganz wesentlichen Effekt, den man nicht außer Acht lassen darf: Mehr Wasserdampf in der Atmosphäre führt grundsätzlich zu mehr Wolkenbildung. Und diese Wolken behindern sowohl die Einstrahlung von der Sonne als auch die Wärmeabstrahlung von der Erde. Ersteres, indem sie einen Teil der Sonnenstrahlung gar nicht erst bis zur Erdoberfläche durchlassen (an bewölkten Tagen ist es kälter als bei strahlendem Schönwetter). Letzteres, indem sie einen Teil der Wärmeabstrahlung der Erde nicht in den Weltraum entkommen lassen (am Morgen nach bewölkten Nächten ist es wärmer als nach sternklaren Nächten). Welches von den beiden überwiegt, ist Fall-spezifisch, insbesondere abhängig von der Art der Wolken und vor allem von der Höhe, in der sie sich bilden. Tendenziell kühlen niedrige Wolken eher ab, weil bei ihnen die Reflexion der Sonnenstrahlung überwiegt, während höhere Wolken eher erwärmen, weil bei ihnen die Rückführung der Infrarotstrahlung von der Erdoberfläche überwiegt.

Die quantitativen Zusammenhänge kennen wir nur unzureichend. Es ist einer der großen Diskussionspunkte innerhalb der Klimawissenschaften, wie groß die Wasserdampf/Wolken-Rückkopplung als globaler Mittelwert über alle Fälle tatsächlich ist. Wir wissen nicht einmal, ob in Summe überhaupt eine Verstärkung herauskommt (was die Mehrheit der Klimawissenschaftler annimmt) oder eine Abschwächung (was eine Minderheit der Klimawissenschaftler annimmt). Das war vor 30 Jahren so und ist heute noch genau so, es wird nur in der Öffentlichkeit weniger häufig thematisiert. Jedenfalls in dieser Frage hat es erklärtermaßen in der Wissenschaft immer nur den einen Konsens gegeben, nämlich den, dass wir noch sehr wenig wissen.

Die Rückkopplungen über den Wasserdampf und die Wolken sind sicherlich die wichtigsten Rückkopplungen im Klimasystem der Erde. Eine andere Rückkopplung läuft über die Albedo: Wenn Schnee- und Eisbedeckung der Erde infolge der Erwärmung zurückgehen, wird weniger Sonneneinstrahlung reflektiert und mehr absorbiert, was die Erwärmung verstärkt. Ein weiteres Beispiel ist der verstärkte Verbrauch von CO_2, wenn Pflanzen infolge der Erwärmung schneller wachsen, diese Rückkopplung wirkt abschwächend. Es gibt aber noch zahlreiche andere mögliche Rückkopplungen. Über deren Höhe wissen wir häufig noch weniger Bescheid als beim Wasserdampf, auch bei ihnen kennen wir oft nicht einmal das Vorzeichen.

5.2.6 Die »etablierte Klimawissenschaft«

Trotz dieser Unsicherheiten geht die »etablierte Klimawissenschaft« als Summe über alle Korrekturen (Kapitel 5.2.4) und Rückkopplungen (Kapitel 5.2.5) insgesamt von einer erheblichen Verstärkung aus: Sie gibt die Klimasensitivität des CO_2 auf der realen Erde mit »1,5 bis 4,5 °C« an (66 % Vertrauensintervall, /IPCC 2014/). Die Begründung ist für mich wenig transparent. IPCC berechnet zwar, ähnlich wie hier in diesem Buch beschrieben, auch aus den Eigenschaften der CO_2-Moleküle die Klimasensitivität des CO_2 für eine trockene Atmosphäre mit CO_2 als einzigem Treibhausgas und bekommt dabei auch 1,1 Grad heraus (Erwärmung im Gleichgewicht bei Verdoppelung der Konzentration). IPCC verwendet diesen Wert dann aber nicht mehr weiter. IPCC stellt vielmehr umfangreiche Überlegungen an, wie man aus den verschiedensten Informationen und Beobachtungen auch unabhängig von den detaillierten strahlenphysikalischen Eigenschaften der CO_2-Moleküle auf die Klimasensitivität des CO_2 schließen kann. Aus der Summe all dieser Überlegungen kommt IPCC zu dem schon genannten Ergebnis, dass die Gleichgewichts-Klimasensitivität des CO_2 »1,5 bis 4,5 °C« beträgt. Diesen Wert setzt IPCC dann als externe Vorgabe in die Klimamodelle ein.

Von diesen »verschiedensten Informationen« zur Abschätzung der Klimasensitivität des CO_2 möchte ich eine beispielhaft herausgreifen, die nach meiner Einschätzung historisch gesehen auch eine erhebliche Rolle gespielt hat. An ihr lässt sich auch gut zeigen, dass bei solchen Ermittlungen nicht nur Unsicherheiten der Messwerte und der Randbedingungen zu berücksichtigen sind, sondern auch sehr leicht grundsätzlichere Fehler passieren können: Aus Eisbohrkernen in Grönland und in der Antarktis konnte man weit zurückliegende CO_2-Konzentrationen und Temperaturen rekonstruieren. Dabei zeigte sich ein erstaunlich gleichartiger Verlauf der beiden Kurven über Eis- und Warmzeiten hinweg: In den Warmzeiten war die CO_2-Konzentration immer um etwa 100 ppm höher und es war immer um etwa 6 Grad wärmer als in den Eiszeiten. Damit dachte man, brauchbare quantitative Informationen zur Höhe der Erwärmungswirkung des CO_2 gefunden zu haben: 6 Grad bei 100 ppm. Das ist eine ganz erhebliche Klimawirksamkeit. Unsicherheiten sah man bei der Genauigkeit der Daten und insbesondere bei der Aussagekraft nur weniger Punktmessungen in Polnähe für die ganze Erde, hielt die aber, gemessen am beobachteten Effekt, für klein.

Spätere genauere Analysen der Eisbohrkerne ergaben dann aber ausschlaggebend einen zeitlichen Vorlauf der Temperatur gegenüber dem CO_2! Es hat nicht das CO_2 die Erwärmung ausgelöst, sondern umgekehrt, durch die hohen Temperaturen ist mehr CO_2 aus den Ozeanen ausgegast. CO_2 scheidet daher als Ursache prinzipiell aus. Der quantitative Zusammenhang zwischen den beiden Kurven war nicht die Erwärmungswirkung des CO_2, sondern vor allem die temperaturabhängige Löslichkeit des CO_2 im Wasser. Natürlich hat das so ausgegaste CO_2 dann seinerseits die Erwärmung verstärkt, aber der Zusammenhang der beiden Kurven ist damit ein völlig anderer, als wenn CO_2 die auslösende Ursache des Prozesses gewesen wäre. Aus dem Verlauf dieser Kurven kann keine einfache Aussage zur Klimasensitivität des CO_2 mehr abgeleitet werden. Das wird mittlerweile allgemein anerkannt. Die aus den Eisbohrkernen zunächst gewonnene Ansicht einer hohen Klimasensitivität des CO_2 scheint bei manchen Klimaexperten aber immer noch als Erwartungswert im Hintergrund weiter zu wirken /Ditt 2018/.

Damit zurück zu dem von IPCC angegebenen Intervall von 1,5 bis 4,5 Grad. Die Klimasensitivität des CO_2 ist der wohl wichtigste Wert in den ganzen Klimaberechnungen. Ich finde es äußerst bemerkenswert, dass IPCC seinen Modellen nicht genügend vertraut, diesen Wert auf Basis der Moleküleigenschaften und nach physikalischen Gesetzen ausreichend genau zu berechnen. Wie angegeben, setzt IPCC stattdessen weitgehend nach anderen Überlegungen ermittelte Werte als Vorgabe in seine Modelle ein. Bemerkenswert ist das deswegen, weil IPCC andererseits seine Modelle sehr wohl für ausreichend genau hält, aus langfristigen Vorausrechnungen (»Klimaprojektionen«) schwerwiegende Konsequenzen abzuleiten. Mir will nicht einleuchten, wie man meint, langfristig genau rechnen zu können, wenn man den wichtigsten Parameter, von dem alle Ergebnisse entscheidend abhängen, nicht genau genug berechnen kann.

Ich möchte einen Vergleich wagen, der natürlich wesentlich übertreibt, das Problem vielleicht aber doch veranschaulicht: Es gehe um die Frage, ob ein schwer beladener LKW über eine bestimmte Brücke noch fahren darf. Man glaubt, ein Programm zu haben, das die Gewichtsveränderung des LKW aus der Fahrstrecke bis zur Brücke und dem Benzinverbrauch pro 100 km genau berechnen kann. Was aber nutzt das, selbst wenn das Programm richtig arbeitet, wenn man das Gewicht des LKW ohne Benzin nur grob aus Transportstatistiken und dergleichen abschätzen kann?

Wie gesagt, stark übertrieben, aber im Grundsatz scheint IPCC genau so etwas zu machen. IPCC hat zwar ganz andere Möglichkeiten zur Abschätzung der Klimasensitivität des CO_2 als die Transportstatistiken zur Abschätzung des Gewichtes des LKW. Aber mit einem Vertrauensintervall von 1,5 bis 4,5 Grad scheint mir diese Abschätzung nur sehr grob gelungen zu sein. Das Problem der Unschärfe des wichtigsten Parameters ist bei IPCC und dem Klima wohl kaum kleiner als beim genannten LKW.

Unabhängig von diesem Vergleich, solange die Klima-Programme nicht gut genug sind, die Klimasensitivität des CO_2 hinreichend genau zu berechnen, ist ihre Aussagekraft zu anderen Punkten prinzipiell kritisch zu betrachten. Ganz besonders gilt das bei Rechnungen über lange Zeiträume hinweg. Umso mehr Gewicht kommt dann der Überprüfung der Rechenergebnisse anhand von Beobachtungen zu. Damit werden wir uns im weiteren Verlauf des Buches noch näher beschäftigen.

Hier möchte ich das Problem zunächst noch etwas anders beleuchten: Allein die große Bandbreite des IPCC-Wertes für die Gleichgewichtssensitivität des CO_2 von 1,5 bis 4,5 Grad (Faktor 3!) zeigt, wie wenig wir tatsächlich vom Klima wissen. Hier von einem »Konsens« zu sprechen, scheint mir schon eine sehr gewagte Interpretation zu sein. Schlimmer noch, den Faktor 3 könnte man ja vielleicht noch als nicht so wichtig akzeptieren, wenn alle Werte (von 1,5 bis 4,5 Grad) klar zu katastrophalen Folgen der Klimaveränderung in absehbarer Zeit (bis Ende dieses Jahrhunderts) führten. Dann wäre eben alles schlecht, egal, ob am oberen oder unteren Ende des Vertrauensintervalls. Bei Werten nahe der unteren Grenze, 1,5 Grad Erwärmung im Gleichgewicht bei Verdoppelung, ist das aber nach menschlichem Ermessen gerade nicht der Fall. Dann wird aller Voraussicht nach nichts Ernstes passieren. Bei einem Vertrauensintervall, das sich über gut und böse hinweg erstreckt, kann es keinen Konsens über die Folgen geben! Das wäre ein Widerspruch in sich.

Dazu kommt noch, dass selbst dieses sehr große Vertrauensintervall vielfach angezweifelt wird. Manche Wissenschaftler gehen von einer höheren Verstärkung aus, andere von einer niedrigeren, bis hin zu einer möglichen Abschwächung. Wenn Letzteres zutrifft, ist die Klimasensitivität des CO_2 eben unter 0,7 Grad (Wert mit Korrekturfaktoren, aber ohne Rückkopplungen). Ich kann nicht verstehen, warum seriöse Wissenschaftler sich nicht dagegen wehren, dass diese ungeklärte Sachlage im zentralen Bereich der Klimadiskussion in der Öffentlichkeit als »Konsens der Wissenschaft« verkauft wird.

Aber es wird sogar noch schlimmer: »1,5 bis 4,5 Grad« war der Wert der »etablierten Klimawissenschaft« 2014. Sieben Jahre zuvor hatte sie die Bandbreite für die Klimasensitivität des CO_2 noch mit »2 bis 4,5 Grad« angegeben /IPCC 2007/. Die Bandbreite hat sich also in dieser Zeit nicht verkleinert, sondern sogar vergrößert, und zwar nach unten. Mehr noch, in /IPCC 2007/ wurde auch ein »wahrscheinlichster Wert« mit 3,0 °C angegeben, in /IPCC 2014/ sah sich IPCC »infolge der großen Unsicherheiten« dazu nicht (mehr) in der Lage! Trotzdem spricht IPCC in /IPCC 2014/ ausdrücklich von einer »verbesserten Beweislage« für die Warnungen vor der anthropogenen Klimaänderung. Das mag verstehen, wer will, ich kann es nicht.

Weil IPCC einen »wahrscheinlichsten Wert« nicht mehr angibt, wird in öffentlichen Aussagen zum Klimaproblem umso häufiger vom oberen Ende des Intervalls ausgegangen. Die Gefahren möglichst groß darzustellen, scheint zum Geschäft zu gehören.

Aber es geht natürlich auch anders. In /Har 2013/ z. B. wird in einer sehr gründlichen Arbeit anhand der vermessenen Moleküleigenschaften auf streng strahlenphysikalischer Basis die Gleichgewichts-Klimasensitivität des CO_2 berechnet: Das Ergebnis ist 0,6 °C. Einen ähnlichen Wert, nämlich 0,7 °C, erhält man aus Messungen der Satelliten ERBE und CERES /Kru 2015/. Die Werte kennt IPCC natürlich. Eine sorgfältige Stellungnahme von IPCC hierzu ist mir nicht bekannt.

Die Klimasensitivität des CO_2 ist wohl der zentrale Streitpunkt in der ganzen Klimadiskussion. Ist sie groß, ist das Problem scharf, ist sie klein, verschwindet das Problem. IPCC hält sie für groß, die Strahlenphysik scheint eher für kleine Werte zu sprechen. Im Folgenden werde ich noch einige weitere Punkte anführen, die auch eher für eine wesentlich kleinere Klimasensitivität sprechen als in den Rechenmodellen von IPCC angenommen. Auf jeden Fall aber besteht dringender Klärungsbedarf. Der Konsens ist hier eindeutig ein Mythos. Allein mit dieser offenen Frage sind alle Schlussfolgerungen aus den Klimamodellen nur vage Spekulationen.

5.3   CO₂-Verweilzeit und CO₂-Budget

Vorab: In diesem Kapitel werde ich relativ viele Zahlen nennen. Einige davon sind nur ungenau bekannt und sie werden in den verschiedenen Quellen auch mehr oder weniger stark unterschiedlich angegeben. Ich glaube aber, dass diese Unschärfen keinen Einfluss auf die grundsätzlichen Aussagen hier haben.

5.3.1 CO₂ und Klima

Klimamodellrechnungen sind sehr komplex. Ihr eigentlicher Kern ist die quantitative Berechnung, welches Klima sich als Folge einer bestimmten CO_2-Konzentration in der Atmosphäre einstellt. Daraus kann man dann ableiten, welcher CO_2-Konzentrationsverlauf eingehalten werden muss, wenn ein bestimmtes Klimaziel eingehalten werden soll. Aus diesem Konzentrationsverlauf wieder kann man mit einigen zusätzlichen Annahmen errechnen, welche CO_2-Freisetzungen wann noch zulässig sind (Freisetzungsverlauf). »Klimaschutz« erfordert dann, die (anthropogenen) CO_2-Freisetzungen innerhalb dieser Vorgaben zu halten.

5.3.2 Verweilzeit

Bei diesen Rechnungen ist eine ganz wichtige Vorgabe die Verweilzeit des CO_2 in der Atmosphäre. Was ist das? Wenn man einen Stoff in die Atmosphäre freisetzt, verbleibt er normalerweise nicht ewig dort, sondern verschwindet mit der Zeit wieder in irgendwelchen Senken. Die mittlere Zeit, die die Teilchen oder Moleküle dieses Stoffes in der Atmosphäre verbleiben, ist die »Verweilzeit« dieses Stoffes.

Das klingt ganz einfach, ist beim CO_2 aber schon wieder komplizierter: Hier gibt es von Haus aus viel natürliches CO_2 in der Atmosphäre, das dort allerdings nicht ruhig verharrt, sondern laufenden Austauschprozessen unterliegt (dazu gleich mehr). Seit der industriellen Revolution wird zusätzliches CO_2 in die Atmosphäre eingebracht. Die Konsequenzen davon abzuschätzen, dafür hat die »etablierte Klimawissenschaft« ein Konzept erarbeitet, dessen wichtigste Elemente die »Störungszeit« und das »CO_2-Budget« sind. Das will ich gleich diskutieren. Vorher möchte ich nur noch den ungestörten Zustand (vor dem Eingriff des Menschen) mit seinen Austauschprozessen kurz beschreiben.

5.3.3 Der Gleichgewichtszustand vor dem Eingriff des Menschen

In der Atmosphäre der Erde waren damals ca. 580 Gt Kohlenstoff in Form von CO_2 gespeichert (1 Gt = 1 Gigatonne = 1 Mrd. Tonnen; bei Mengenangaben ist darauf zu achten, ob die Menge des CO_2 angegeben wird oder die Menge des darin enthaltenen Kohlenstoffs, 1 t C entspricht 3,66 t CO_2). Dieser Kohlenstoffspeicher »Atmosphäre« steht in dauernder Wechselwirkung mit insbesondere zwei anderen Speichern: Dem Speicher »Wasser« (vor allem in den Ozeanen) und dem Speicher »Biomasse«. Die Wechselwirkung zum Speicher »Wasser« ergibt sich aus der Löslichkeit des CO_2 im Wasser. Diese ist temperaturabhängig: Kühlt sich das Wasser ab, kann es mehr CO_2 aufnehmen und entnimmt daher der Atmosphäre zusätzliches CO_2. Erwärmt es sich, kann es nur mehr weniger CO_2 halten und gibt einiges davon wieder an die Atmosphäre ab. Auf diese Weise werden jährlich etwa 120 Gt C in Form von CO_2 zwischen dem Speicher »Atmosphäre« und dem Speicher »Wasser« hin und hergeschickt.

Die Wechselwirkung mit dem Speicher »Biomasse« besteht im Einbau von Kohlenstoff aus dem CO_2 der Atmosphäre in Pflanzen (Fotosynthese) und Rückgabe des Kohlenstoffes als CO_2 durch Ausatmung von Lebewesen und durch Verrottung von Biomasse. Auf diese Weise werden jährlich etwa 100 Gt C zwischen dem Speicher »Atmosphäre« und dem Speicher »Biomasse« hin und hergeschickt.

Da der Speicher »Atmosphäre« insgesamt etwa 580 Gt C in Form von CO_2 enthält (zu Beginn der industriellen Revolution enthalten hat), wird sein ganzes Inventar durch diese beiden Prozesse innerhalb von wenigen Jahren komplett ausgetauscht. Die Verweilzeit des CO_2 in der Atmosphäre beträgt damit auch nur wenige Jahre. Die Inventare (Menge des CO_2) in den drei

Speichern »Atmosphäre«, »Wasser« und »Biomasse« ändern sich durch den laufenden Austausch nicht, wie es im Gleichgewicht ja auch sein muss.

5.3.4 Das anthropogene CO_2, Störungszeit und CO_2-Budget

Der gerade geschilderte Gleichgewichtszustand wird seit Beginn der industriellen Revolution durch den Eingriff des Menschen gestört: Der Mensch setzt zusätzliches CO_2 in die Atmosphäre frei, mit der Zeit immer mehr (Abb. 6). Was dann geschieht, wird von der »etablierten Klimawissenschaft« wie folgt beschrieben (vereinfachte Darstellung):

Die neu in die Atmosphäre eingebrachten CO_2-Moleküle werden sofort in die Austauschprozesse mit dem Wasser und mit der Biomasse eingebunden, ohne diese Vorgänge zu verändern. Die meisten der neu eingebrachten CO_2-Moleküle werden sogar mehrfach hin und her geschickt, bevor sie dann doch in irgendwelchen Senken bleibend verschwinden. Auch diesem Vorgang wird eine »Verweilzeit« zugeordnet. Allerdings handelt es sich dabei nicht mehr um die Verweilzeit individueller CO_2-Moleküle (die wechseln ja ständig zwischen der Atmosphäre und dem Wasser bzw. der Biomasse hin und her), sondern um ein Maß dafür, wie schnell eine zunächst erhöhte Konzentration von CO_2-Molekülen in der Atmosphäre wieder abnimmt. Diese »Verweilzeit« ist also etwas deutlich Anderes als die individueller Moleküle. Um Verwechslungen zu vermeiden, wird sie auch als »Störungszeit« bezeichnet. Diese »Störungszeit« ist gewissermaßen ein Analogon zur Halbwertszeit eines radioaktiven Stoffes: Von dem zerfällt innerhalb einer Halbwertszeit die Hälfte der vorhandenen Atome, hier verschwindet innerhalb einer Störungszeit die Hälfte der vorhandenen CO_2-Moleküle (mehr dazu im Anhang).

Je länger diese Störungszeit ist, desto stärker steigt die CO_2-Konzentration in der Atmosphäre bei gleichen anthropogenen Freisetzungen an. Das folgt einfach aus der langsameren Entnahme bei längerer Störungszeit. Um eine bestimmte Grenze der Erwärmung einzuhalten, müssen daher bei langer Störungszeit die anthropogenen Freisetzungen entsprechend stärker begrenzt werden. Bei sehr langer Störungszeit (jedenfalls deutlich länger als der zu betrachtende Zeitraum), kommt es, in Fortsetzung des Gedankens, gar nicht mehr auf den zeitlichen Verlauf der anthropogenen Freisetzungen an: Weil praktisch nichts entnommen wird, sammelt sich praktisch alles anthropogen freigesetzte CO_2 (nicht die individuellen Moleküle, aber eine gleich große CO_2-Menge) in der Atmosphäre an. Und was in der Atmosphäre drinnen ist, das wirkt auch. Zur Einhaltung eines bestimmten Klimazieles darf daher bei sehr langer Störungszeit insgesamt nur eine bestimmte endliche Menge CO_2 freigesetzt werden, egal, wann und in welcher zeitlichen Verteilung diese Freisetzung erfolgt. Diese Menge wird als »CO_2-Budget« bezeichnet. Überschreitet die tatsächlich freigesetzte Menge das zulässige Budget, kann das Klimaziel nicht mehr eingehalten werden.

Die »etablierte Klimawissenschaft« geht genau von so einem Fall aus: Sie nimmt eine sehr lange Störungszeit an und erhält daher ein festes CO_2-Budget als Obergrenze für die Freisetzungen. Wenn ein vorgegebenes Klimaziel eingehalten werden soll, darf nicht mehr CO_2 freigesetzt werden. Auf den Zeitpunkt bzw. zeitlichen Verlauf der Freisetzungen kommt es dabei nicht an. Von diesem CO_2-Budget wird die Menge abgezogen, die bisher bereits freigesetzt worden ist. Es verbleibt dann noch das sogenannte »CO_2-Restbudget«. Nur mehr so viel CO_2 darf freigesetzt werden, egal wann und in welcher zeitlichen Verteilung. Spätestens dann muss die Wirtschaft vollständig »entkarbonisiert« sein, Freisetzung null, wenn das Klimaziel eingehalten werden soll.

Diese Aussage der »etablierten Klimawissenschaft«, am besten repräsentiert wohl durch den Weltklimarat IPCC, wird von den Medien immer gerne verbreitet und auch von vielen Politikern gerne aufgegriffen. In den öffentlichen Diskussionen spielt sie eine wesentliche Rolle.

5.3.5 Kritik

Das Konzept von der Störungszeit und dem CO_2-Restbudget scheint klar zu sein. Trotzdem ergeben sich in der praktischen Umsetzung erhebliche Schwierigkeiten: In Befolgung des Konzeptes erhält man, je nach den konkreten Annahmen, die für die Rechnung gemacht werden, sehr unterschiedliche Werte der noch zulässigen Freisetzungen für die Einhaltung des Zwei-Grad-Zieles (1,5-Grad-Zieles). Diese reichen von null (wir haben das zulässige Budget schon ausgeschöpft!) bis zu mehreren tausend Mrd. t CO_2 (zur Einordnung: Die anthropogene Freisetzung beträgt derzeit etwa 35 Mrd. t CO_2 pro Jahr). Schon diese Bandbreite zeigt, dass das Konzept des

CO_2-Restbudgets kein geeignetes Hilfsmittel ist, um daraus brauchbare Vorgaben für unser Handeln abzuleiten.

Die Kritik an diesem Konzept ist aber viel grundlegender: Ihr zufolge kann das Konzept gar nicht gelten, weil in ihm »natürliche« und »anthropogene« CO_2-Moleküle ungleich behandelt werden. Das geht nicht, da diese Moleküle sich nicht voneinander unterscheiden. Das muss ich näher erläutern:

Gemäß Konzept nehmen die »anthropogenen« CO_2-Moleküle zwar am Austausch zwischen Atmosphäre und Wasser bzw. Biomasse teil, aber ohne diese Speicher weiter aufzufüllen. Sie verbleiben vielmehr quantitativ in der Atmosphäre. Genauer: Es verbleiben dort nicht die anthropogen freigesetzten CO_2-Moleküle als solche, sondern einfach genau so viele (beliebige) CO_2-Moleküle, wie anthropogen freigesetzt werden. Reduziert wird diese CO_2-Menge nur durch Einbau von CO_2-Molekülen in langfristig wirkende Senken nach Maßgabe der Störungszeit. Ist diese lang genug, gibt es praktisch keine Reduktion und es sammelt sich in der Atmosphäre genau so viel CO_2 an, wie anthropogen freigesetzt wird. Als Konsequenz daraus wird die Existenz eines festen CO_2-Budgets zur Einhaltung eines vorgegebenen Klimaziels abgeleitet.

Das ist aber eindeutig eine ungleiche Behandlung von »natürlichen« und »anthropogenen« CO_2-Molekülen. Die einen verteilen sich auf die drei Speicher nach den physikalischen und chemischen Gesetzen, wie Moleküle zwischen diesen Speichern ausgetauscht werden. Die anderen verändern den Austausch so, dass in der Atmosphäre genau so viele CO_2-Moleküle zusätzlich angesammelt werden, wie neu freigesetzt werden. Das darf nicht sein, weil alle CO_2-Moleküle gleich sind. Unabhängig von ihrer Herkunft werden alle zwangsweise nach den gleichen physikalisch/chemischen Gesetzen auf die drei Speicher Atmosphäre, Wasser und Biomasse aufgeteilt. Über das Verhältnis entscheiden die Austauschmechanismen, eine herkunftsabhängig selektive Anreicherung in der Atmosphäre findet eindeutig nicht statt.

Zu diesen Austauschmechanismen: Nach den Gesetzen der Physik löst sich im Wasser mehr CO_2, wenn ihm in der Luft eine höhere Konzentration angeboten wird. Bei doppelter Konzentration löst sich auch doppelt so viel (Henry-Gesetz). Und nach den Gesetzen der Chemie nimmt der Einbau von

Kohlenstoff in die Biomasse zu, wenn in der Luft eine höhere Konzentration angeboten wird. Physik und Chemie bewirken daher, dass umso mehr CO_2 in die Speicher »Wasser« und »Biomasse« überführt wird, je höher die CO_2-Konzentration in der Atmosphäre ist. Die Rate der Überführung (Menge pro Zeiteinheit) bleibt gleich, solange die Konzentration gleich bleibt. Nach unten ist dieser Vorgang der Kohlenstoffüberführung begrenzt durch das ungestörte Gleichgewicht zwischen den drei Speichern: In dem wandern Moleküle nur mehr ausgewogen hin und her und netto wird kein CO_2 mehr vom einen Speicher in den anderen überführt.

Einschub für die, die sich intensiver mit der Problematik beschäftigen wollen: Ich habe hier das Konzept der »etablierten Klimawissenschaft« in seiner einfachsten Version dargestellt und ich werde prinzipiell auch weiterhin dabei bleiben. Die Dinge, worauf es ankommt, sieht man dabei am deutlichsten. In dieser einfachsten Version wird zwischen den »natürlichen« und den »anthropogenen« CO_2-Molekülen unterschieden und diesen wird ein unterschiedliches Verhalten in der Atmosphäre unterstellt. Das darf natürlich nicht sein. Es gibt aber noch wesentliche Verfeinerungen dieses Konzeptes, für die ich im Moment nur die Stichworte »airborne fraction« und »Bern Carbon Cycle Model« nennen möchte. In diesen verfeinerten Konzepten wird letztendlich auch verschiedenen Molekülgruppen ein unterschiedliches Verhalten zugeordnet, was genauso wenig sein darf, wie bei zwei Molekülgruppen. Für Interessierte werde ich im Anhang noch ein paar Anmerkungen hierzu machen.

5.3.6 Erfahrungen

Auch die Erfahrungen widersprechen dem IPCC-Konzept: Es müsste sich ja das gesamte anthropogen freigesetzte CO_2 (bzw. die genau gleiche Menge CO_2) in der Atmosphäre ansammeln. Das war aber noch nie so und wird wohl auch nie so sein. Die ganze Zeit über ist vielmehr stets ganz grob nur etwa halb so viel CO_2 in der Atmosphäre verblieben als vom Menschen freigesetzt worden ist, eine etwa gleich große Menge CO_2 ist ausgeschieden worden. Die anthropogen freigesetzte CO_2-Menge hat sich immer auf die drei Speicher »Atmosphäre«, »Wasser« und »Biomasse« aufgeteilt. Eine solche Aufteilung wird es auch immer geben. Im Einzelnen:

- Bisher: In der Atmosphäre waren vor der industriellen Revolution ca. 580 Gt C in Form von CO_2 gespeichert, heute sind es ca. 850 Gt C. Der Zuwachs beträgt ca. 270 Gt C. Die gesamten anthropogenen Freisetzungen in dieser Zeit betragen aber ca. 635 Gt C. Es ist also (mengenmäßig) knapp die Hälfte des anthropogenen CO_2 in der Atmosphäre verblieben, die andere (etwas größere) Hälfte ist aus ihr wieder ausgeschieden worden. Der Kohlenstoff von diesem ausgeschiedenen CO_2 ist im »Wasser« und in der »Biomasse« gespeichert worden, vermutlich zu etwa gleichen Teilen (Aufteilung ungewiss).

- Aktuell: Zurzeit werden jährlich etwa 10 Gt C (ca. 35 Mrd. t CO_2) anthropogen freigesetzt. Das ist ganz grob etwa 1 % des Inventars in der Atmosphäre. Als Folge davon müsste bei einer langen Störungszeit (Ansammeln des freigesetzten Materials in der Atmosphäre) die atmosphärische Konzentration auch um 1 % pro Jahr steigen. Bei derzeit etwa 400 ppm wären das ca. 4 ppm pro Jahr. Tatsächlich steigt die Konzentration aber nur um ca. 2 ppm pro Jahr (Abb. 6). Bei der (heutigen) Konzentration von ca. 400 ppm in der Atmosphäre werden dieser daher jährlich ca. 15 bis 20 Mrd. t CO_2 (ca. 5 Gt C) entnommen und in die Senken »Wasser« und »Biomasse« eingelagert. Die Störungszeit muss also viel kürzer sein.

- Zukünftig: Die Gesetze der Physik und der Chemie bleiben gleich: Ein höheres CO_2-Angebot in der Luft verstärkt den Einbau in die Speicher »Wasser« und »Biomasse«! Zukünftig wird daher mehr CO_2 in diese Speicher eingelagert werden.

  Einwände, dies würde sich sehr bald ändern, weil die Speicher »Wasser« und »Biomasse« bald an die Grenzen ihrer Speicherkapazität stoßen würden, sind unbegründet. Der Speicher »Wasser« ist riesig. Die Wassermenge ist riesig und darin sind ca. 38000 Gt C gespeichert. Eine Zunahme um 2 bis 3 Gt C pro Jahr (ein Viertel von 10 Gt, wenn »Wasser« und »Biomasse« gleich bedient werden) ist verschwindend wenig und auch der Einbau von bisher insgesamt 150 Gt seit 1850 (ein Viertel von 635 Gt) ist da völlig unbedeutend. Im Speicher »Wasser« ist noch sehr viel Platz vorhanden.

  Genauer hinsehen muss man vielleicht bei der Biomasse, da dieser Speicher (sein derzeitiger Inhalt) relativ klein ist. In ihm sind nur ca. 800 Gt C enthalten (Stand heute). Da müsste eine anthropogen verursachte Zunahme viel eher zu sehen sein. Und das ist sie auch: Schon in Kapitel 3.1 habe ich vom Wachsen der Biomasse als Folge der gestiegenen CO_2-Konzentration in der Atmosphäre berichtet und ich habe gesagt, dass »ein ganzer grüner Kontinent von der doppelten Größe der USA neu hinzugekommen ist«. Das sind die hinzugekommenen 150 Gt C! Der Speicher »Biomasse« wächst einfach mit zusätzlichem Kohlenstoffangebot. Das wird sicherlich so weitergehen, eine relevante Grenze für das weitere Anwachsen der Biomasse auf der Erde ist nicht erkennbar (Hinweis: Im Karbonzeitalter war die Biomasse der Erde ein Vielfaches der heutigen!). Mit steigender CO_2-Konzentration wird der Austrag von CO_2 aus der Atmosphäre in die Speicher »Wasser« und »Biomasse« zweifelsfrei zunehmen!

Theoretische Überlegungen und Erfahrungen stimmen also überein: Es sammelt sich gerade nicht das gesamte anthropogen freigesetzte CO_2 in der Atmosphäre an und es gibt daher kein festes CO_2-Budget zur Einhaltung von Klimagrenzen! Natürlich ist das alles im Detail viel komplizierter, weil z. B. auch im Ozean der Speicher in unterschiedlich tief gelagerte Einzelspeicher mit Austauschvorgängen zwischen ihnen unterteilt werden muss, das ändert am Gesamtbild aber nichts.

Anmerkung 1: Bei den genannten Erfahrungswerten ist der gegenläufige Effekt der verstärkten Ausgasung von CO_2 aus dem Wasser bei steigender Temperatur (Erwärmung seit 1850) bereits mit eingeschlossen, wir sehen ja nur das Gesamtergebnis. Der Einfluss der erhöhten CO_2-Konzentration ist eben höher als der der Erwärmung.

Anmerkung 2: Das Verhältnis zwischen Eintrag und Verbleib ist auch vom zeitlichen Verlauf der Freisetzungen abhängig. Dass bisher insgesamt und im Jetztzeitpunkt das gleiche Verhältnis auftritt (jeweils etwa 50 % Verbleib) ist Zufall und zukünftig kann sich auch ein anderes Verhältnis ergeben. Aus den Beispielen in Kapitel 5.3.7 wird das noch klarer hervorgehen. Im Anhang wird es ebenfalls nochmals eine Rolle spielen.

Zwischenbemerkung: Die gemachten Ausführungen geben Anlass zu einer kleinen Anmerkung zur Diskussion zu einem ganz anderen Klima-Problem: Unsere CO_2-Freisetzungen, so wird immer wieder gesagt, würden das Meerwasser besorgniserregend versauern. Einmal abgesehen vom Mengenverhältnis Inventar zu Einbringung, wie sollen sie das denn tun, wenn sie nach Meinung der gleichen Leute doch quantitativ in der Atmosphäre verbleiben? Ende der Zwischenbemerkung.

5.3.7 Erklärungsversuch

So, wie von der »etablierten Klimawissenschaft« bzw. von IPCC angenommen, ist es ganz offensichtlich nicht. Aber wie ist es dann? Ich möchte drei Fälle als Beispiele diskutieren, vorab aber die Lagebeschreibung noch etwas ergänzen: Die drei Speicher »Atmosphäre«, »Wasser« und »Biomasse« stehen untereinander in intensivem Austausch. Im ungestörten Zustand sind sie im Gleichgewicht, d. h., zwischen ihnen wandern zwar viele CO_2-Moleküle hin und her, netto wird aber kein CO_2 zwischen ihnen transportiert. Wird das Gleichgewicht gestört, indem zusätzliches CO_2 in die Atmosphäre eingetragen wird, erhöht sich die CO_2-Konzentration in der Atmosphäre und als Folge davon wird netto CO_2 aus der Atmosphäre in die Speicher »Wasser« und »Biomasse« transportiert. Dieser Transport erfolgt ziemlich schnell. Wird der Eintrag in die Atmosphäre gestoppt, läuft dieser Transport zunächst unverändert weiter, wodurch die CO_2-Konzentration in der Atmosphäre entsprechend sinkt, auch relativ rasch. Nach einiger Zeit stellt sich ein neues Gleichgewicht ein, bei dem nur mehr Moleküle zwischen den drei Speichern ausgetauscht, aber keine Mengen mehr umgelagert werden. Von da ab sinkt die atmosphärische CO_2-Konzentration nur noch ganz langsam weiter, entsprechend dem sehr langsamen Einbau in Langzeitspeicher (z. B. Verwitterung und Sedimentation). Für diese weitere CO_2-Entnahme können die drei Teilspeicher »Atmosphäre«, »Wasser« und »Biomasse« wie ein gemeinsamer Speicher betrachtet werden.

Nun zu den drei Fällen, alle gehen vom jetzigen Zustand aus:

- Fall 1: Die derzeitige Freisetzung von 10 Gt C pro Jahr wird beibehalten: Dann wächst die CO_2-Konzentration zunächst weiter um 2 ppm pro Jahr. Mit dieser wächst auch der Austrag in die Speicher »Wasser« und »Biomasse«. Dadurch verlangsamt sich die atmosphärische Konzentrationszunahme (weniger ppm pro Jahr). Irgendwann einmal kommt sie sogar ganz zum Erliegen, dann, wenn aufgrund der höheren Konzentration in der Atmosphäre 10 Gt pro Jahr in die Speicher »Wasser« und »Biomasse« überführt werden. Dann ändert sich nichts mehr (so lange, bis die Speicher »Wasser« und »Biomasse« tatsächlich voll sind). Es wäre interessant, einmal zu untersuchen, wann das eintritt.

- Fall 2: Die anthropogene CO_2-Freisetzung wird (in kurzer Zeit) voll eingestellt, Freisetzung null: Der Austrag in die Speicher »Wasser« und »Biomasse« bleibt zunächst gleich, die atmosphärische CO_2-Konzentration sinkt daher sehr rasch, und zwar zunächst um 2 ppm pro Jahr. Dementsprechend sinkt auch der Austrag, wodurch sich die atmosphärische Konzentrationsabnahme allmählich verlangsamt. Sind die drei Speicher »Atmosphäre«, »Wasser« und »Biomasse« untereinander wieder im Gleichgewicht, erfolgt die weitere Abnahme der atmosphärischen Konzentration nur mehr ganz langsam, entsprechend dem Einbau von CO_2 in langfristig wirkende Senken.

  Bleibt noch zu diskutieren, wie dieses neue Gleichgewicht aussieht: Die drei Speicher »Atmosphäre«, »Wasser« und »Biomasse« enthalten dann zusammen um so viel mehr CO_2, als insgesamt anthropogen freigesetzt worden ist (wenn man den zwischenzeitlich erfolgten Eintrag in Langfristsenken vernachlässigt). Im langfristigen Kohlenstoffkreislauf der Erde, der im Wesentlichen eine Überführung des CO_2 aus der Atmosphäre in Gesteinsformationen darstellt, ist das eine relativ kleine Störung, da dürfte sich nicht allzu viel tun. Die Konsequenz davon ist, dass die drei Speicher »Atmosphäre«, »Wasser« und »Biomasse« sich ihr Gesamtinventar untereinander sehr ähnlich aufteilen dürften wie zuvor. Es wird dann also wahrscheinlich nicht so sehr viel anders aussehen als vor dem Eingriff des Menschen. Es wäre interessant, einmal zu untersuchen, wie das im Detail aussieht und vor allem, wie lange es bis dahin dauert.

- Fall 3: Die anthropogene CO_2-Freisetzung wird (in kurzer Zeit) auf die Hälfte zurückgefahren: Genauer: Sie wird gerade so weit zurückgefahren, dass sich ein Gleichgewicht zwischen CO_2-Eintrag in die Atmosphäre und Austrag aus dieser ergibt. Die atmosphärische CO_2-Konzentration ändert sich dann trotz fortgesetzter (erheblicher!) Freisetzung nicht! (Damit nimmt auch der Treibhauseffekt nicht mehr zu!). Weil wir in der Atmosphäre einen Gleichgewichtszustand haben, könnte diese Freisetzung sehr lange fortgesetzt werden. Es wird laufend netto CO_2 von der Atmosphäre in die anderen beiden Speicher überführt, und zwar so viel, wie anthropogen nachgeliefert wird. Konsequenz: In diesem Fall sammeln sich die weiter freigesetzten CO_2-Mengen selektiv im »Wasser« und in der »Biomasse«!

Vielleicht sollte ich noch klarstellen, warum im Fall 3 das Ansammeln des neu eingebrachten CO_2 (der entsprechenden Menge von CO_2) in den Speichern »Wasser« und »Biomasse« zulässig ist, das nach IPCC-Vorstellungen erfolgende Ansammeln im Speicher »Atmosphäre« aber nicht: Eingebracht wird das anthropogene CO_2 immer in die Atmosphäre. Dadurch steigt die Konzentration in dieser an. Als Folge davon wird im Rahmen des regen Austausches mit den beiden anderen Speichern mehr CO_2 zu diesen hin transportiert als zurück, also netto eine gewisse Menge CO_2 in diese Speicher überführt. Der Effekt wird umso stärker, je mehr CO_2 anthropogen freigesetzt wird. Wird die Freisetzungsrate konstant gehalten, stellt sich mit der Zeit ein Fließgleichgewicht ein. In ihm bleibt die CO_2-Konzentration in der Atmosphäre konstant und aller Zuwachs fließt (mengenmäßig!) durch die Atmosphäre hindurch in die anderen beiden Speicher ab (die sind ja sehr groß). Der natürliche Austausch zwischen den Speichern läuft dabei unbehindert weiter. Das ist der Fall 3 und bei dem ist alles im Einklang mit den Gesetzen der Physik. Nach den IPCC-Vorstellungen soll das anthropogene CO_2 (die entsprechende Menge CO_2) aber in der Atmosphäre verbleiben. Das ginge natürlich durch Abschottung. Die Verbindungen zu den anderen beiden Speichern können aber nicht gekappt werden, der rege »normale« Austausch zu denen lässt sich nicht unterbinden. Also müsste man einigen CO_2-Molekülen sagen, dass sie sich nicht wie alle anderen durch diese offenen Verbindungen hin und her bewegen dürfen, sondern in der Atmosphäre bleiben müssen. Genau diese selektive Behandlung ist nicht zulässig.

Gemeinsam ist allen drei Fällen die Zweiteilung in rasche und langsame Vorgänge: »Atmosphäre«, »Wasser« und »Biomasse« passen sich rasch an, Langzeitspeicher werden nur sehr langsam bedient. Dieses Verhalten gilt nicht nur für die drei hier vorgestellten Fälle, sondern ist ein generelles Verhaltensmuster für alle denkbaren Fälle. »Atmosphäre«, »Wasser« und »Biomasse« reagieren schnell, der Rest reagiert langsam. Das liegt einfach daran, dass die Austauschraten zwischen diesen drei Speichern um Größenordnungen höher sind als alle anderen Flüsse im Kohlenstoffkreislauf, z. B. das Überführen in Langzeitsenken.

So viel zu den drei Fällen. Ich komme zurück auf die Begriffe »Verweilzeit« und »Störungszeit«, deren Definition ich weiter oben angegeben habe. Die »Verweilzeit« ist klar, hilft in ihrer exakten Definition in der Klimadiskussion aber nicht viel weiter, weil sie sich auf das Schicksal individueller Moleküle (die hin und her geschickt werden) und nicht auf die CO_2-Konzentration bezieht. Die »Störungszeit« bezieht sich auf die Konzentration, ist aber keine Konstante. Sie hängt vielmehr entscheidend davon ab, ob bzw. wie gut der Speicher »Atmosphäre« sich im Gleichgewicht mit den Speichern »Wasser« und »Biomasse« befindet. Im Falle von Abweichungen richtet sich die Störungszeit ganz wesentlich nach dem Austausch zwischen diesen drei Speichern. Dieser Austausch ist schnell, also ist die Störungszeit kurz. Danach, im Gleichgewicht, richtet sich die Störungszeit nach dem Eintrag in Langzeitspeicher. Der verläuft sehr langsam, also ist die Störungszeit lang. Für mehr Details sei nochmals auf den Anhang verwiesen.

Natürlich gilt auch hier, dass die Natur keine Sprünge macht. Es gibt nicht eine kurze Störungszeit bis zum Erreichen des Gleichgewichtes und dann plötzlich eine wesentlich längere. Bei Annäherung an das Gleichgewicht geht vielmehr die kurze Störungszeit fließend in die lange über. Wie genau, ist schwer zu sagen. Aber das ändert nichts daran, dass fern ab vom Gleichgewicht die Störungszeit kurz sein muss. Und fern ab vom Gleichgewicht sind wir unstrittig. Wir haben heute über 400 ppm CO_2-Konzentration, statt der ca. 280 im Gleichgewicht. Und solange wir weiter erhebliche Mengen CO_2 freisetzen, bleibt das Gleichgewicht gestört.

Einschub: Auffällig ist, dass gerade diejenigen, die am lautesten die massive anthropogene Störung des natürlichen Gleichgewichtes in der Atmosphäre anprangern, sich vehement dagegen wehren, die zwingende Konsequenz dieser Störung anzuerkennen, nämlich dass die Störungszeit des CO_2 relativ kurz sein muss. (Ergänzung: Dass das CO_2-Gleichgewicht in der Atmosphäre gestört ist (dass die CO_2-Konzentration in der Atmosphäre erhöht ist), darüber besteht Konsens. Keinen Konsens gibt es nur darüber, ob das erhebliche Klimaauswirkungen hat, weil über die Klimawirksamkeit des CO_2 kein Konsens besteht). Ende des Einschubs.

Die unzutreffenden Aussagen der »etablierten Klimawissenschaft« einschließlich IPCC scheinen mir darauf zurückzuführen zu sein, dass diese die Variabilität der Störungszeit nicht ausreichend berücksichtigen. Weil sie einfach eine lange Störungszeit annehmen, kommen sie zum Ergebnis, dass zukünftig freigesetztes CO_2 (anthropogenes CO_2) quantitativ in der Atmosphäre verbleibt. Ist die Störungszeit jedoch kurz (wie sie im aktuellen Zusatnd sein muss), dann wird ein erheblicher Teil vom eingebrachten CO_2 sehr rasch in die Speicher »Wasser« und »Biomasse« überführt (wie das jetzt ja auch tatsächlich der Fall ist, jährlich werden 15 bis 20 Milliarden t CO_2 bleibend aus der Atmosphäre entnommen). Auch hier sei nochmals auf den Anhang verwiesen.

5.3.8 Konsequenzen

Jetzt muss ich noch zusammenfassend die (in meinen Augen extrem wichtigen) Konsequenzen aus der »Verweilzeit-Problematik« darlegen. Im Wesentlichen sind es drei:

- Erstens gibt es kein festes CO_2-Restbudget zum Einhalten eines bestimmten Klimaziels.

- Zweitens ist die Forderung nach einer vollständigen Entkarbonisierung unserer Wirtschaft nicht haltbar.

- Drittens ist die gesamte Klimaproblematik erheblich entspannt. »Uns läuft die Zeit davon« gilt nicht mehr!

Zwischenbemerkung: Die ganze Klimadebatte wird unter der Vorstellung geführt, dass man einem einzuhaltenden Klimaziel eine bestimmte CO_2-Konzentration zuordnen kann. Das Klimaziel lässt sich dann dadurch einhalten, dass diese CO_2-Konzentration eingehalten wird. Bei dieser CO_2-Konzentration wird aber unvermeidlich laufend eine bestimmte Menge CO_2 aus der Atmosphäre in die Speicher »Wasser« und »Biomasse« überführt! Denen wird ja eine höhere CO_2-Konzentration angeboten, also entnehmen sie nach den Gesetzen der Physik und Chemie auch mehr. Diese zusätzliche Entnahmemenge kann der Atmosphäre nachgeliefert werden, ohne die Konzentration in dieser zu erhöhen. Und zwar andauernd, solange der Zielzustand eingehalten wird. Schon das widerspricht dem Konzept eines endlichen CO_2-Budgets und der Forderung nach vollständiger Entkarbonisierung! Ende der Zwischenbemerkung.

Mit zu den Konsequenzen der hier angestellten Überlegungen gehören auch zwei kurze Rückblicke auf schon früher gemachte Aussagen: In Kapitel 3.3 habe ich gesagt, dass die Dosis, die ggf. das Gift macht, die Konzentration des CO_2 in der Atmosphäre ist und nicht die freigesetzte CO_2-Menge. Der Unterschied ist jetzt hoffentlich klarer geworden. Für die Konzentration kann eine Grenze bestehen (falls das CO_2 tatsächlich einen hohen Klimaeinfluss hat), nicht aber für die Freisetzung. Die Freisetzung kann – jedenfalls innerhalb bestimmter Grenzen – auf Dauer weitergeführt werden.

Und in Kapitel 5.2.6 habe ich die Frage aufgeworfen, ob die Klimamodelle Langfristrechnungen ausreichend genau machen können, wenn sie den wichtigsten Parameter, die Klimasensitivität des CO_2, nicht ausreichend genau berechnen können. Diese Frage bleibt natürlich aufrecht. Beim ähnlich wichtigen Parameter, der Verweilzeit bzw. Störungszeit des CO_2, scheint es mir aber keine Frage mehr zu sein: Wenn die Störungszeit in den Klimamodellen wesentlich zu hoch angenommen wird, dann können die Modelle keine richtigen Ergebnisse liefern! Genau der Fall liegt aber vor. Den Rechenergebnissen ist die Grundlage entzogen!

5.3.9 Bewertung

Die beiden Parameter »Klimasensitivität des CO_2« und »Störungszeit des CO_2« sind die wichtigsten in den Klimarechnungen. Der eine für die Größe des (anthropogenen) Treibhauseffektes, der andere für die Dringlichkeit von Gegenmaßnahmen, wenn wir sie denn tatsächlich brauchen. Gleichzeitig sind sie aber auch die am stärksten umstrittenen Parameter: Die Sensitivität ist (selbst nach IPCC-Angaben) nur auf einen Faktor drei genau bekannt, bei der Störungszeit liegt IPCC wohl eindeutig ganz erheblich daneben. Die Rechenergebnisse können daher nicht als zuverlässig angesehen werden. Von einem Konsens sind wir meilenweit entfernt. Verbleib und Entnahme von CO_2 in der bzw. aus der Atmosphäre müssen dringend neu bewertet werden. Angesichts der möglicherweise äußerst weitreichenden Konsequenzen sollte dies ein zentraler Punkt der Klimaforschung sein!

Und abschließend zu diesem Thema nochmals der Hinweis, dass ich hier im Kapitel 5.3 die einfachste Version der IPCC-Betrachtungen besprochen habe, die Schlussfolgerungen aber auch für verfeinerte Konzepte gelten. Das werde ich im Anhang zeigen.

5.4 Beobachtungen

Vorab: Über die ganze Erde und über das Jahr gemittelte Temperaturen können wir nicht direkt messen, sondern nur aus verschiedenen Quellen mit zum Teil willkürlichen Annahmen rechnerisch ermitteln. Was ist überhaupt eine »mittlere Temperatur«? Nehmen wir eine Messstelle an einem bestimmten Ort an einem bestimmten Tag: Ist die »mittlere Temperatur« der Mittelwert aus der höchsten und der niedrigsten Temperatur des Tages? Oder der Mittelwert aus der Temperatur um Mitternacht und der um 12 Uhr mittags? Oder der Mittelwert aus Messungen alle 3 Stunden? Oder alle Stunden? Man muss sich auf ein einheitliches Vorgehen einigen. Auch darauf, wie man Mittelwerte für den Monat und das Jahr errechnet. Auch darauf, wie man aus einer beschränkten Anzahl von Messpunkten Mittelwerte für ganze Länder oder gar für die ganze Erde errechnet. Hierzu muss man z. B. auch festlegen, wie man in unterschiedlichen Meereshöhen erhaltene Messwerte berücksichtigt. Und vieles Anderes mehr.

Das hat man natürlich alles getan. Aber wirklich zufrieden war man mit dem Vereinbarten und so Errechneten nie. Es werden auch immer wieder neue Auswertungen der primären Messwerte vorgenommen. Aber die Fortschritte sind umstritten. Kaum ist eine neue Auswertung veröffentlicht, wird sie auch schon wieder zurückgewiesen. Dieses oder jenes wäre falsch berücksichtigt oder falsch bewertet worden. Kritikpunkte gibt es immer. Besonders umstritten ist, wie der sogenannte »Wärmeinseleffekt« herausgerechnet wird. Der ist eine Folge davon, dass viele Messstellen, die früher in freiem Gelände waren, mittlerweile in mehr oder weniger dicht bebautem Gebiet stehen. Dadurch zeigen sie mehr an. Aber um wie viel mehr und wie ist das zu korrigieren? Darüber gibt es keine Einigkeit.

Erschwert wird das Problem noch durch unterschiedliche Messverfahren, die alle ihre Vor- und Nachteile haben. Im Wesentlichen gibt es drei Messverfahren:

- Bodengestützte Thermometer (zu Land und auf See): Gibt es sehr viele, sie messen an diskreten Punkten nahe der Oberfläche. Diese Messungen reichen zeitlich am weitesten zurück. Allerdings haben sich die Randbedingungen an den Messorten im Laufe der Zeit häufig verändert (Verbauung, Standortwechsel, Gerätetausch, …), Messstellen sind aufgegeben worden, andere sind hinzugekommen, … Das alles muss irgendwie kompensiert werden. Über das Wie wird gestritten.

- Thermometer in Wetterballonen: Sind viel seltener, haben grundsätzlich aber die gleichen Probleme. Sie messen auch punktweise, allerdings auch in unterschiedlicher Höhe (wichtig, weil der Treibhauseffekt die gesamte Troposphäre erwärmt).

- Satelliten: Gibt es erst seit 1979. Sie messen quasi flächendeckend und quasi kontinuierlich, aber verfahrensbedingt Mittelwerte über einige km Höhe in der Atmosphäre. Zusätzliche Unsicherheiten sind der genaue Verlauf der Satellitenbahnen.

Diese unterschiedlichen Messverfahren ergeben zusammen mit den unterschiedlichen Auswerteverfahren natürlich unterschiedliche Ergebnisse. Dass über Details diskutiert wird, ist trivial. Überraschend ist schon eher, wie heftig hier gestritten wird. Das geht bis zu gegenseitigen Vorwürfen absichtlicher Manipulationen. Nicht ganz unverständlich, werden aus den unterschiedlichen Ergebnissen doch auch ganz unterschiedliche Schlussfolgerungen gezogen. Diese reichen von »alles harmlos« bis zu »die Katastrophe ist schon da«. Hier gibt es noch sehr viel Diskussionsbedarf.

Die Ergebnisse stimmen aber doch ausreichend gut überein, um die Klimaentwicklung wenigstens in groben Zügen quantitativ beschreiben zu können. Abb. 4 zeigt das für die Jahre 1850 bis 2015. In dieser Zeit ist es, übereinstimmend nach allen Messverfahren und allen Auswertungen, eindeutig wärmer geworden. Allerdings nicht kontinuierlich, sondern in drei klar voneinander getrennten Schüben von jeweils grob etwa 30 Jahren Dauer (ca. 1860 bis 1880, ca. 1910 bis 1945 und ca. 1975 bis 1998). Die Erwärmungsschübe unterscheiden sich auch in ihrer Steilheit nicht signifikant. Dazwischen liegen jeweils ungefähr gleich lange Zeiträume mit stagnierender bis leicht abnehmender Temperatur (ca. 1880 bis 1910 und ca. 1945 bis 1975).

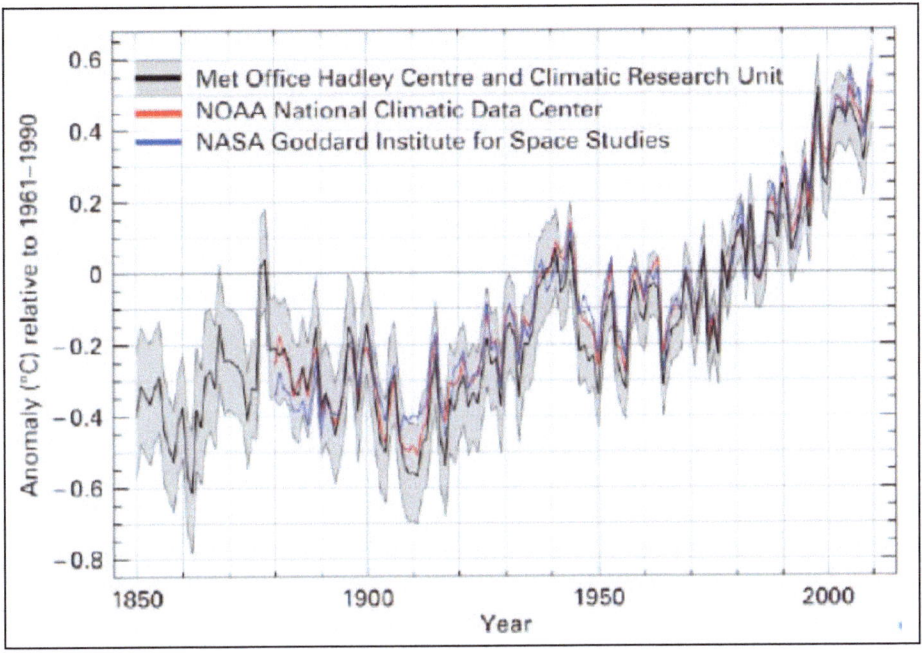

Abb. 4: Verlauf der global und jahreszeitlich gemittelten, bodennahen Lufttemperatur 1850 bis 2015. Quelle: /WMO 2019/.

Um das Bild zu vervollständigen sei noch darauf hingewiesen, dass die Erwärmung genau genommen schon 200 Jahre früher begonnen hat, ab dem Höhepunkt der Kleinen Eiszeit um 1650 herum. Damit passt die Entwicklung insgesamt gut zu den in Abb. 1 gezeigten 1000-jährigen zyklischen Schwankungen der letzten 4000 Jahre.

Aus Abb. 4 ersehen wir auch die Unschärfe, die sich aus den unterschiedlichen Auswertungen und infolge der kurzfristigen Schwankungen (»Wetter«) ergibt. Aus diesem »Rauschen« tritt die schon angegebene Überlagerung mit einem etwa 30-jährigen Auf und Ab der Temperaturen m. E. klar erkennbar heraus. Dieses Auf und Ab passt gut zu Zyklen mit ähnlichen Perioden, wie sie sowohl von der Sonne als auch bei Meeresströmungen bekannt sind. In Kapitel 6 wird uns das nochmals beschäftigen. Hier will ich nur anmerken, dass die Tatsache dieser Überlagerungen mit mehrdekadischen Zyklen wichtig für unser Verständnis der Zusammenhänge im Klimageschehen ist und speziell auch für die Frage, aus welchen Zeitintervallen man welche Schlussfolgerungen ziehen darf. Wenn man aus einer ansteigenden Phase extrapoliert, kommt viel heraus, wenn man aus einer stagnierenden oder gar abfallenden Phase extrapoliert, wenig. Allein daraus resultieren viele widersprüchliche Aussagen in der Öffentlichkeit.

Im 21. Jahrhundert ist der Temperaturverlauf dann kontroverser. Die verschiedenen Auswertungen weisen da stärkere Unterschiede auf. Aber einen deutlich flacheren Anstieg als in den Jahrzehnten davor zeigen sie alle. Abb. 5 gibt als Beispiel Satellitenmessungen der globalen unteren Atmosphäre von 1979 bis Ende 2018 wieder. Man sieht vor allem einmal erhebliche kurzfristige Schwankungen. Diese sind vornehmlich auf El Nino- und La Nina-Ereignisse zurückzuführen. Das sind reversible Umlagerungen von Meeresströmungen im pazifischen Raum, die unregelmäßig alle paar Jahre mit unterschiedlicher Intensität auftreten. Global wirken El Nino-Ereignisse prinzipiell erwärmend, La Nina-Ereignisse prinzipiell abkühlend. Beide Ereignisse sind immer »Wetter« und niemals »Klima«.

»Klima« sind nur die längerfristigen Änderungen. Da kann man in Abb. 5 bis etwa 1998 einen klaren Anstieg der Temperatur und danach eine zunächst vielleicht sogar leicht abnehmende Tendenz erkennen. Das Erstere entspricht der (generell unstrittigen) Erwärmung im letzten Quartal des 20. Jahrhunderts, das Letztere der (in ihrem Ausmaß umstrittenen) Verflachung des Temperaturverlaufes im 21. Jahrhundert. 2016 ist die Temperatur dann wieder stark angestiegen (Anmerkung: In manchen Datensätzen ist auch 2015 schon ein deutlicherer Anstieg zu erkennen, das ist ein Beispiel der schon genannten Unterschiede). 2016 war das wärmste Jahr überhaupt. 2017 war wieder etwas kälter und 2018 war nochmals kälter. Das jetzt wieder übereinstimmend nach allen Auswertungen. Heute hat die Temperatur etwa wieder das Ausgangsniveau auf dem Plateau vor dem Rekordwert von 2016 erreicht. Besonders kalt war es im September 2018, der war sogar der kälteste September seit 10 Jahren. Der sehr hohe Wert 2016 lässt sich mit einem besonders starken El Nino-Ereignis in diesem Jahr erklären, analog wie auch der sehr hohe Wert 1998. Ob die Temperatur in der nächsten Zeit weiter fallen oder wieder ansteigen wird, wird erst die Zukunft zeigen. Zurzeit ereignet sich gerade wieder ein El Nino, allerdings ein schwacher.

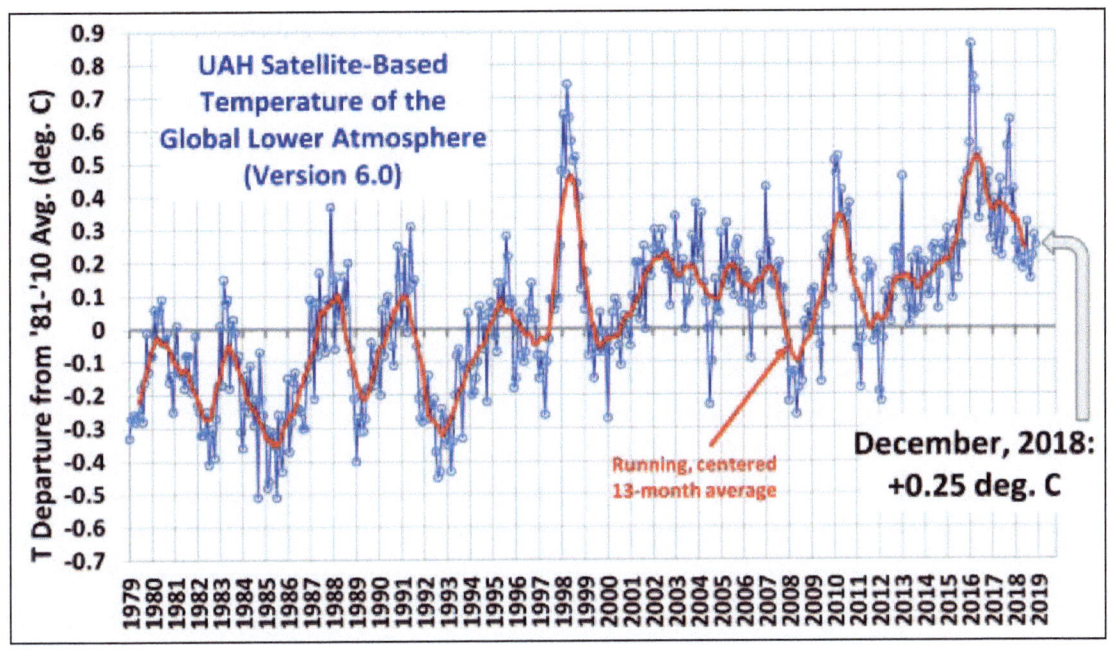

Abb. 5: Temperaturentwicklung 1979 bis September 2018. Angegeben ist die Differenz zum Mittelwert der Jahre 1981 bis 2010. Auswertung von Satellitenmessungen an der University of Alabama, Huntsville (UAH), USA; Quelle: /Spen 2019/.

5.5 Vergleich von Temperatur und CO₂

Den Temperaturverläufen in den Abb. 4 und 5 ist in Abb. 6 der Verlauf der durch die Verbrennung von Kohle, Öl und Gas bewirkten CO_2-Freisetzungen gegenübergestellt. Mit angegeben ist auch die Entwicklung der atmosphärischen CO_2-Konzentration. Die (anthropogenen) CO_2-Freisetzungen sind von minimalen Werten ausgehend zunächst langsam und nach dem Zweiten Weltkrieg dann ganz gewaltig angestiegen (von 1945 bis heute fast auf das Zehnfache!). Als Konsequenz dieser Freisetzungen ist die CO_2-Konzentration mit etwa ähnlichem Verlauf angestiegen, allerdings nicht von quasi Null aus, sondern vom vorindustriellen Ausgangswert von ca. 280 ppm ausgehend auf heute gut 400 ppm. Das ist immerhin eine Zunahme um fast 50 %! Außerdem steigt die Konzentration derzeit jährlich um ca. 2 ppm weiter. Wenn das so weiter geht, wird sie sich bis Ende des Jahrhunderts in etwa verdoppelt haben. Ob das so kommt, wissen wir nicht, da wir erstens die zukünftigen Emissionen nicht genau kennen und zweitens nicht genau wissen, wie sich die Stärke der Senken für das atmosphärische CO_2 mit dessen Konzentration verändert (Kapitel 5.3, wir wissen zwar relativ genau, wie viel mehr CO_2 im Wasser gelöst wird, wenn die Konzentration in der Luft ansteigt, aber nur sehr ungenau, um wie viel stärker dann die Biomasse wächst).

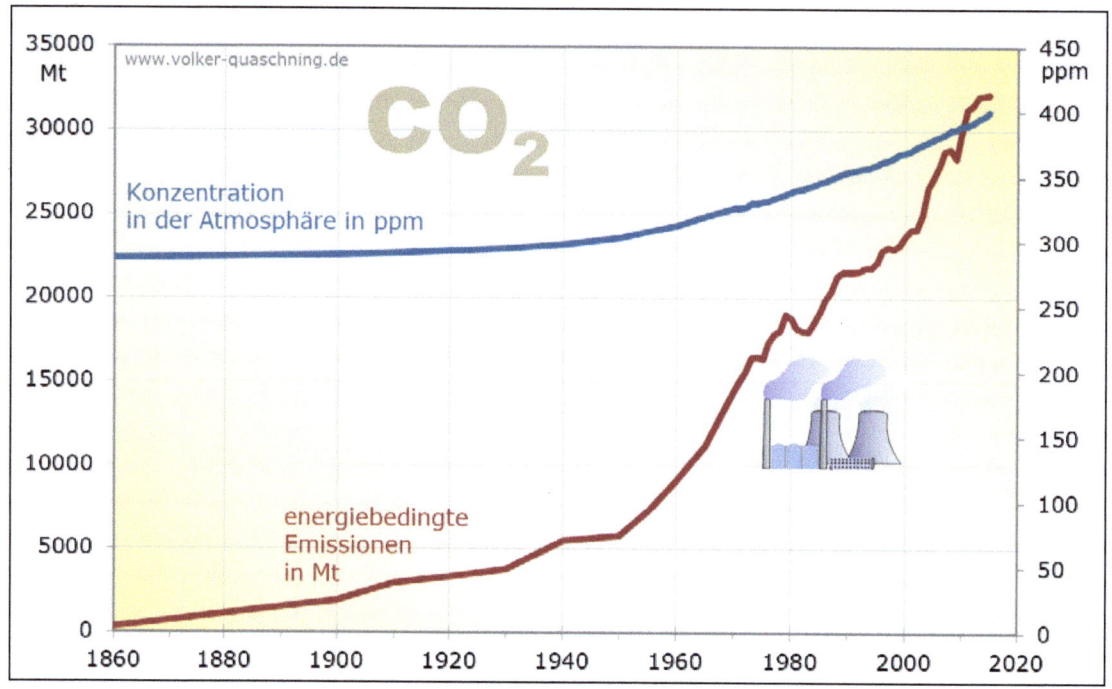

Abb. 6: Verlauf der atmosphärischen CO_2-Konzentration und der energiebedingten CO_2-Freisetzungen seit 1860. Quelle: /Qua 2018/.

Vergleicht man die gemessenen Kurven von Temperatur und CO_2, so passen sie nur in einem einzigen Zeitraum gut zusammen: dem letzten Quartal im 20. Jahrhundert. Sonst ist von Gleichlauf nicht viel zu merken. Im Einzelnen:

- In der gesamten Nacheiszeit bis zur industriellen Revolution gab es erhebliche Temperaturschwankungen (Abb. 1). Die CO_2-Konzentration ist in dieser Zeit aber auffallend konstant bei ca. 280 ppm geblieben (ohne Abb.). Die Ursache der Temperaturschwankungen muss daher eine andere gewesen sein.

- In der Zeit von ca. 1850 bis 1945 waren die CO_2-Freisetzungen noch sehr klein, so klein, dass sie kaum einen wesentlichen Einfluss auf das Klima gehabt haben können (schon gar nicht, wenn die viel höheren Freisetzungen nach 2000 zu keiner hohen Erwärmung geführt haben). Die beiden Erwärmungsschübe ca. 1860 bis 1880 und ca. 1910 bis 1945 müssen daher überwiegend »andere Ursachen« gehabt haben.

- Im letzten Quartal des 20. Jahrhunderts gab es hohe CO_2-Freisetzungen und parallel dazu eine starke Erwärmung. Hier kommt CO_2 als Hauptverursacher infrage, muss es aber nicht gewesen sein.

- Im 21. Jahrhundert schließlich waren die CO_2-Freisetzungen auf Rekordhöhe, die Temperatur ist aber, wenn überhaupt, kaum noch gestiegen. Hier muss es »andere Ursachen« gegeben haben, die den Einfluss des CO_2 in etwa aufgewogen haben.

Summarisch kann man feststellen, dass »andere Ursachen« auf jeden Fall vor 1975 und nach 2000 erheblichen Einfluss auf das Klima gehabt haben, manchmal erwärmend, manchmal abkühlend. Es liegt nahe, dass diese »anderen Ursachen« auch zwischen 1975 und 2000 mit am Wirken waren und einen Teil zur Erwärmung in diesem Zeitraum beigetragen haben. Eine nachvollziehbare Erklärung dafür, warum das anders gewesen sein soll, warum also die sonst wirksamen »anderen Ursachen« von 1975 bis 2000 abgeschaltet gewesen sein sollen und in diesem Zeitraum nur das CO_2 gewirkt haben sollte, konnte ich nirgends finden.

Natürlich schließen sich sofort zwei Fragen an: Erstens, wie wirken diese »anderen Ursachen« in der Zukunft? In den Computermodellen wird ihnen kein großer Einfluss zugebilligt. Mit welcher Berechtigung? Zweitens, welches sind denn diese »anderen Ursachen? Darauf werde ich in Kapitel 6 zurückkommen.

Eine extra Anmerkung muss ich noch zum Temperaturverlauf im 21. Jahrhundert machen: Wie schon mehrfach gesagt, ist der deutlich flacher ausgefallen als nach den Rechenmodellen erwartet (Näheres in Kapitel 5.6 und Abb. 7). In der Fachwelt spricht man vom »Hiatus« oder von der »Pause«

in der Erwärmung, manchmal auch vom »Temperaturstopp«. Seine Ursache wird bis heute nicht verstanden. Über 30 unterschiedliche Erklärungsansätze bezeugen das wissenschaftliche Dilemma. In meinen Augen ist dies in weiterer Beweis dafür, dass es einen »Konsens« in der Wissenschaft nicht gibt (es sei denn dahin gehend, dass wir vor einem Rätsel stehen).

Zum Abschluss dieses Kapitels möchte ich noch eine grobe quantitative Abschätzung der Klimasensitivität des CO_2 aus den beobachteten Daten seit 1850 versuchen. Dabei will ich mich auf die Abbildungen 4 bis 6 stützen. Infolge des Knicks in der Kurve der CO_2-Freisetzungen ca. 1945 möchte ich die Zeit davor und die danach getrennt betrachten. Davor ist die CO_2-Konzentration praktisch konstant geblieben und die Temperatur ist in zwei Stufen um jeweils ca. 0,4 Grad gestiegen, dazwischen ist sie leicht gefallen. Aus dem stark ungleichen Verlauf der beiden Kurven ergibt sich zwangsweise eine höchstens untergeordnete Temperatur-Wirksamkeit des CO_2. Andere Temperatureinflüsse müssen deutlich stärker gewesen sein.

Danach, also ab ca. 1945, haben die CO_2-Freisetzungen gravierend zugenommen und die CO_2-Konzentration ist dadurch um rund 100 ppm auf heute ca. 400 ppm angestiegen. Die Temperatur ist dabei netto erneut um ca. 0,4 bis 0,5 Grad gestiegen. Allerdings wieder nicht konstant, sondern mit deutlich anderem Verlauf als die CO_2-Konzentration. Wahrscheinlich waren auch in dieser Zeit natürliche Einflüsse mit an der Erwärmung beteiligt. Nehmen wir aber einmal »Treibhaus-freundlich« an, dass nur das CO_2 gewirkt hat. Dann ergibt sich aus der Erwärmung um 0,5 Grad bei 100 ppm Konzentrationserhöhung linear hochgerechnet eine (transiente) Klimasensitivität des CO_2 (= Wert bei Verdoppelung der Konzentration) von ca. 1,5 Grad. Das ist zunächst einmal von den Annahmen her und auch von der Berechnung her konservativ: Ersteres, weil die CO_2-Konzentrationszunahme unter einem Prozent pro Jahr geblieben ist (wofür die transiente Wirksamkeit normalerweise angegeben wird) und letzteres, weil eigentlich logarithmisch gerechnet werden müsste. Der reale Wert sollte daher deutlich niedriger liegen. Aber auch die 1,5 Grad bleiben noch klar hinter kritischen Werten zurück. Solche ergeben sich nur aus Klimamodellen, nicht aus Beobachtungen.

Wie gesagt, das ist eine grobe Abschätzung und in Ergänzung zu den konservativen Rechenannahmen vor allem deswegen konservativ, weil nur CO_2

als Klimabeeinflusser unterstellt wurde. Aber wer andere Werte für richtiger hält, muss erst erklären, warum diese Abschätzung falsch sein sollte.

Einschub: 100 ppm CO_2-Veränderung hatten wir schon einmal in diesem Buch: Das war in Kapitel 5.2.6 der Unterschied zwischen Eis- und Warmzeiten. Damals hatte der parallel dazu abgelaufene Temperaturhub etwa 6 Grad betragen. Jetzt (seit 1945) sind es nur ca. 0,5 Grad. Auch das spricht dafür, dass andere Einflüsse auf das Klima viel stärker sind als der des CO_2. Ende des Einschubs.

Zusammenfassend lassen sich m. E. zwei Aussagen machen:

1. Die Beobachtungen zeigen insgesamt keine gute Übereinstimmung der Kurven für CO_2-Konzentration und Temperatur. Sie lassen daher eher eine nur geringe Klimasensitivität des CO_2 vermuten. Eine hohe Klimasensitivität ergibt sich nur aus (sehr komplexen) Rechnungen.

2. Von der Gesamterwärmung seit 1850 um ca. 1 °C ist höchstwahrscheinlich nur ein Teil auf CO_2 zurückzuführen. Für den wahrscheinlich sogar größeren Teil kommen realistisch betrachtet nur andere (natürliche) Ursachen infrage. Zumindest dieser Teil ist vermutlich nichts Anderes als das Zurückschwingen des Klimas aus der Kleinen Eiszeit in den Zustand davor.

Ergänzende Anmerkung: Im neuesten IPCC-Bericht SR 1.5 /IPCC 2018/ wird die gesamte Erwärmung seit 1850 um ca. 1 Grad ohne nähere Begründung einfach als »vom Menschen verursacht« bezeichnet. Nach den gerade gemachten Ausführungen kann das gar nicht sein. Wo bleibt der Aufschrei in den Medien, die sich sonst gerne des »investigativen Journalismus« rühmen?

5.6   Nagelprobe

Computerrechnungen weisen bei fortgesetzter CO_2-Freisetzung gravierende Klimafolgen aus. Beobachtungen stützen das nicht, wie gerade gezeigt. Was sonst noch kann die Rechnungen stützen? Wie schon in Kapitel 5.1 gesagt, ist das Klima prinzipiell ein chaotisches System, das nur eingeschränkt berechnet werden kann. Die äußerst komplexen physikalisch/mathematischen Modelle hierfür enthalten viele Annahmen und Näherungen, die nicht notwendigerweise stimmen müssen. Die Fachwelt ist sich einig: Das beste Nachweisinstrument für die Qualität (man spricht von »Validität«) solch komplexer Computermodelle ist die Vorausrechnung geeigneter Szenarien (hier: »Klimaprojektionen«) mit nachträglicher Überprüfung der Ergebnisse anhand der tatsächlich eingetretnen Entwicklungen. Da kann man sehen, wie gut die Modelle wirklich sind.

Das hat man natürlich gemacht. Aber das Ergebnis ist ernüchternd: Keine der Ende des 20. Jahrhunderts durchgerechneten Klimaprojektionen hat die ab dann eingetretene Abflachung der Erwärmung (möglicherweise sogar Stopp der Erwärmung, siehe Abb. 5) bei nochmals erhöhter CO_2-Freisetzung vorausgesagt. »Die Nagelprobe nicht bestanden«, scheint mir die Situation richtig zu beschreiben.

Natürlich sind die Modelle zwischenzeitlich weiterentwickelt worden. In einigen Jahren bis Jahrzehnten werden wir wissen, wie gut die heutigen Vorausrechnungen mit der real eintretenden Entwicklung übereinstimmen. Bis dahin müssen wir uns mit einem Vergleich der Modellrechnungen mit der historischen Klimaentwicklung begnügen.

In Abb. 7 ist das Ergebnis dieses Vergleichs wiedergegeben: Es ist nach wie vor ernüchternd, die Nagelprobe haben die Modelle immer noch nicht bestanden. Da die Messwerte von 2 völlig unabhängigen Systemen (Ballonen und Satelliten) sehr gut übereinstimmen, ist der Grund für die Abweichungen wohl eindeutig in den Modellen zu suchen. Diese sind offensichtlich weiterhin nicht vertrauenswürdig. Vermutlich, weil sie darauf ausgerichtet sind, die Entwicklung im letzten Quartal des 20. Jahrhunderts im Wesentlichen durch CO_2 zu erklären. Als Folge davon berechnen sie eine viel zu hohe Erwärmung im 21. Jahrhundert. Es ist für mich völlig unverständlich, wie man bei solchen Differenzen zwischen Modellrechnungen und Beobachtungen davon sprechen kann, in der Wissenschaft sei alles geklärt.

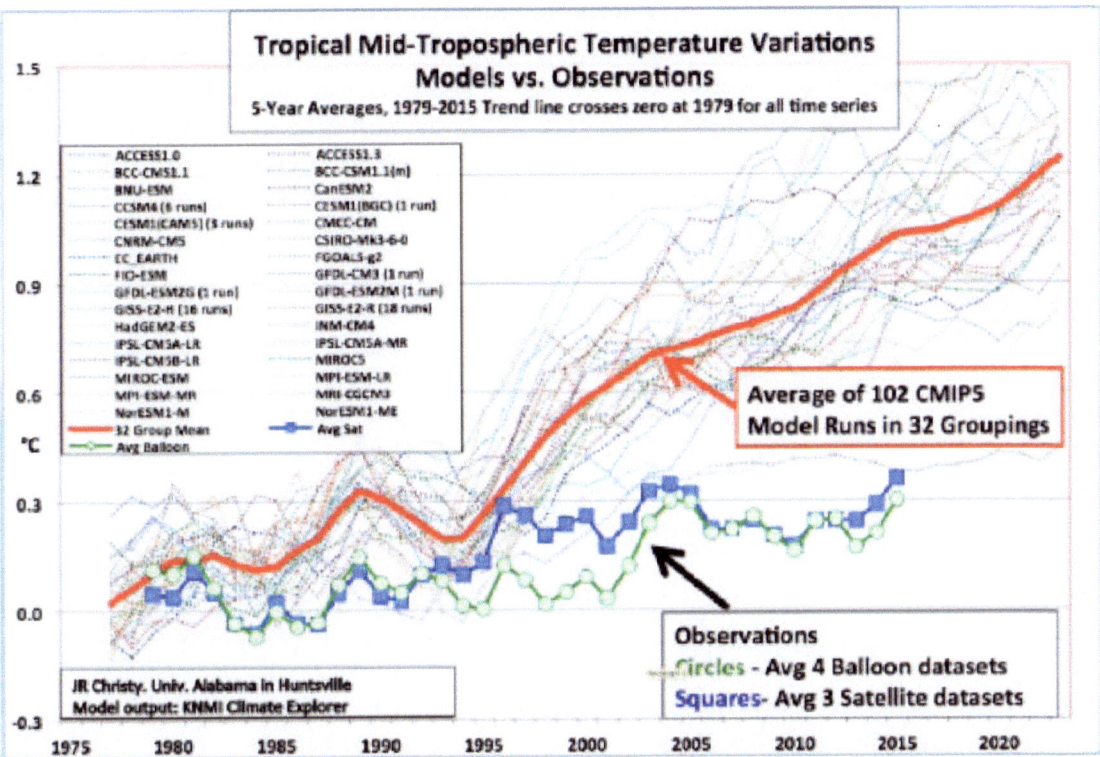

Abb. 7: Vergleich der Rechenergebnisse von Klimamodellen mit Messwerten, Temperatur-Mittelwerte über die tropische Troposphäre (0 bis ca. 15 km Höhe). Zur unmittelbaren Vergleichbarkeit wurden alle Kurven an den gleichen Ausgangspunkt angepasst (linearer Trend schneidet die Nulllinie im Jahr 1979, dem Beginn der Satellitenmessungen). Quelle: /Chr 2016/.

Aber auch die Temperaturentwicklungen vor der Periode 1975 bis 2000 können die Modelle nicht richtig nachvollziehen: Warm- und Kaltphasen im Holozän, Römisches und Mittelalterliches Klimaoptimum, Kleine Eiszeit, Erwärmungsschübe ca. 1860 bis 1880 und 1910 bis 1945, Abkühlung dazwischen und danach werden von den Modellen nur sehr unvollkommen nachempfunden. Diese Klimaentwicklungen folgten eben nicht dem CO_2, sondern vorwiegend natürlichen Einflüssen, die in den Modellen ganz offensichtlich zu kurz kommen. Nur zur Erwärmung ca. 1975 bis 2000 passen die Modelle gut. Dass sie da gut passen, ist nicht verwunderlich, daran wurden sie ja angepasst. Diese Erwärmung aber ausschließlich dem CO_2 zuzuordnen und den Beitrag anderer Ursachen hierzu praktisch zu ignorieren, scheint

81

mir ein grundlegender Fehler der Programme zu sein. Schon in Kapitel 5.4 habe ich auf die in Abb. 4 ersichtliche Überlagerung der allmählichen Erwärmung seit 1850 mit zyklischen Prozessen von jeweils etwa 30 Jahren Dauer hingewiesen. Die Periode 1975 bis 2000 fällt vermutlich gerade auf eine erwärmende Phase dieser Prozesse (in Kapitel 6.3 werde ich darauf nochmals zurückkommen). Würde man das bei der Erstellung der Klima-Modelle berücksichtigen, müsste die Klimawirksamkeit des CO_2 in ihnen deutlich niedriger angenommen werden.

Wahrscheinlich würden in jedem anderen Wissenschaftsfeld Rechenmodelle mit so schlechten Ergebnissen als »noch nicht ausreichend validiert« zurückgewiesen werden. Offensichtlich nicht so in der Klimawissenschaft. Hier werden diese Rechenmodelle, die die Vergangenheit nicht richtig wiedergeben können, für Vorausrechnungen bis zum Ende des Jahrhunderts verwendet! Dass dies obendrein noch in einem grundsätzlich chaotischen System so gemacht wird, sei nur noch ergänzend angemerkt. Aus den Ergebnissen werden dann Forderungen abgeleitet, die ganz gravierende Auswirkungen auf Wirtschaft und Gesellschaft haben. Und diejenigen, die das tun, wundern sich, dass irgendjemand Zweifel an der Schlüssigkeit dieser Forderungen haben kann!

Zur Zuverlässigkeit der Klimamodelle sei noch ein Beispiel herausgegriffen: Als Begleiterscheinung der Temperaturentwicklung berechnen die Modelle auch die Schneebedeckung der Erde und deren Verlauf. Seit 1967 gibt es auch Satellitenaufnahmen, aus denen die Schneebedeckung gut erkennbar ist (schneebedeckte Fläche, nicht Schneemenge). Dadurch lassen sich Rechnung und Realität über 50 Jahre relativ einfach miteinander vergleichen, wobei viele der Probleme, die bei den Temperaturmessungen den Vergleich erschweren (siehe oben) hier nicht auftreten. In /Con 2019/ ist das detailliert für die Nordhemisphäre durchgeführt worden. Das Ergebnis ist, kurz gesagt, dürftig: Während die Rechnungen in allen vier Jahreszeiten eine kontinuierliche Abnahme der Schneebedeckung ausweisen, zeigen die Satellitenaufnahmen nur im Frühjahr und Sommer überhaupt eine Abnahme und diese mit deutlich anderem zeitlichem Verlauf und anderer regionaler Verteilung als in den Rechnungen. Herbst und Winter zeigen in den Satellitenaufnahmen sogar eine eher wachsende Schneebedeckung (allerdings ohne statistische Signifikanz). Wir haben wieder das gleiche Bild: Die Modelle können die Vergangenheit nicht richtig berechnen, aber die Zukunft sollen sie richtig berechnen können?

5.7 Aerosole

Stellen wir die Frage einmal zurück, warum die Temperatur in Stufen angestiegen ist (Abb. 4) und nicht kontinuierlich im Gleichlauf mit der CO_2-Konzentration (Abb. 6). Aus der tatsächlichen Zunahme der Konzentration der Treibhausgase in der Atmosphäre und aus ihrer in den Modellen sehr hoch angenommenen Klimawirksamkeit lässt sich leicht berechnen, um wie viel sich die Erde seit Beginn der industriellen Revolution insgesamt hätte erwärmen müssen. Tatsächlich beobachtet wird aber nur der halbe Wert. Irgendetwas stimmt daher nicht. Um das Problem zu lösen, wird in den Modellen neben der (starken) Erwärmung über Treibhausgase auch ein (starker) kühlender Einfluss angenommen, der die Erwärmung bremst. Dadurch werden die Modellrechnungen näher an die Beobachtungen herangeführt. Erreicht wird das über Aerosole. Das sind feine Staubteilchen oder Flüssigkeitstropfen, die, wenn sie in der Atmosphäre sind, überwiegend die Sonneneinstrahlung behindern und dadurch kühlend wirken. In die Atmosphäre kommen sie durch direkte Freisetzung, vor allem aber bilden sie sich dort aus anderen Freisetzungen, z. B. aus SO_2 in den Abgasen von Autos und Kraftwerken mit schwefelhaltigem Brennstoff. Neben der anthropogenen Freisetzung gibt es auch natürliche Freisetzungen, z. B. durch Vulkane.

Mit einem Kühleffekt der aus SO_2-Freisetzungen entstehenden Aerosole erklärt die »etablierte Klimawissenschaft« die beobachtete globale Temperaturentwicklung wie folgt: Nach dem Zweiten Weltkrieg wurden im Rahmen des wirtschaftlichen Wiederaufbaus große Mengen schwefelhaltiger Brennstoffe zur Strom- und Wärmeerzeugung sowie im Verkehrswesen eingesetzt. In deren Abgasen war entsprechend viel Schwefeldioxid (SO_2) enthalten. Daraus bildeten sich in der Atmosphäre Aerosole. Diese haben den erwärmenden Einfluss des CO_2 massiv reduziert, zum Teil sogar überkompensiert. Daher die rücklaufenden Temperaturen ca. 1945 bis 1975 und seit 1850 insgesamt nur etwa halb so viel Erwärmung wie durch das CO_2 (die Treibhausgase) alleine. Allmählich entwickelte sich jedoch das Umweltbewusstsein. Insbesondere die Angst vor saurem Regen und Waldsterben hat ab etwa 1970 dazu geführt, Brennstoffe zu entschwefeln und Entschwefelungsanlagen für die Kraftwerke zu bauen. Als Folge davon gingen auch die Aerosole und deren kühlende Wirkung zurück und dadurch wurde es wieder wärmer. Von ca. 1975 bis 2000 war die Temperaturentwicklung dann weitgehend allein vom CO_2 bestimmt. Deshalb, so wird aus all dem gefolgert, ist es zulässig, in den Rechenprogrammen CO_2 als jetzigen und zukünftigen Haupttreiber des Klimas anzunehmen (Zwischenfrage: Zulässig vielleicht, das heißt, dass nichts logisch zwingend dagegen spricht; aber muss es deswegen auch tatsächlich so gewesen sein?). Nach 2000 hat dann der wirtschaftliche Aufschwung in China wieder zu vermehrtem Einsatz von schwefelhaltigen Brennstoffen geführt, das hat die Abflachung der Temperaturkurve bewirkt. Als dann die Luft in Chinas Städten zu schlecht wurde und endlich auch dort Umweltschutzmaßnahmen eingeleitet wurden, hat das zum neuerlichen Temperaturanstieg ab 2015 geführt.

Wenn man einmal davon absieht, dass damit immer noch keine Erklärung für den Temperaturverlauf vor dem Zweiten Weltkrieg verbunden ist, klingt das zunächst einmal durchaus plausibel. Bei näherem Hinsehen ergeben sich aber doch Zweifel: Können Aerosole wirklich so stark abkühlen? Passen die Schwefeldioxidkurven und die Klimakurven wirklich ausreichend gut zusammen? Haben wir überhaupt hinreichend gute Messwerte über die (weltweite) Freisetzung und Konzentration von Schwefeldioxid oder liegen den Rechnungen vielfach nur Annahmen zugrunde? Wie berechtigt sind die? Kann ein einzelnes Land, auch wenn es das große China ist, tatsächlich einen so starken Einfluss auf das globale Klima haben? Außerdem ist es zwar 2015 und 2016 in der Welt wärmer geworden, vielleicht auch parallel zu SO_2-Reduktionen in China, aber 2017 und 2018 ist es wieder kälter geworden (Abb. 5) und da ist nicht erkennbar, dass China seine SO_2-Freisetzungen wieder wesentlich erhöht hätte. Im Groben scheint eine erhebliche Kühlwirkung der Aerosole zu passen, an einzelnen Details spießt es sich aber. Üblicherweise sind in der Wissenschaft solche Detailprobleme Anzeichen dafür, dass eine Theorie ernste Schwächen hat und umgestoßen werden muss. Ist das hier auch so?

Erschwert wird eine Beurteilung durch die Vielfalt der unterschiedlichen Aerosole und der Prozesse, die diese in der Atmosphäre durchlaufen. Erst langsam beginnen wir das sehr komplexe Geschehen und die teilweise gegenläufigen Wirkungen zu verstehen. Dabei mehren sich Hinweise auf eine deutlich kleinere Wirksamkeit der SO_2-Aerosole als in den Modellen bisher angenommen, z. B. /MPG 2013/.

Wenn aber die Klimawirksamkeit der anthropogenen Aerosole reduziert werden muss, dann muss auch die Klimawirksamkeit der Treibhausgase reduziert werden, wenn man nicht eine noch schlechtere Übereinstimmung der Rechenergebnisse mit den Beobachtungen akzeptieren will. Warum? Die insgesamt eingetretene Erwärmung von 1850 bis heute steht ja fest. Das anthropogene CO_2 kann nur um so viel darüber hinaus erwärmt haben, wie die anthropogenen Aerosole gekühlt haben. Bricht die Aerosol-Kühlung ein, bricht notwendigerweise auch die Erwärmung durch CO_2 ein! Dann brechen aber wohl auch die Katastrophen-Prophezeiungen weg! Die Aerosol-Wirksamkeit könnte zu einer entscheidenden Frage für die Klima-Problematik werden. Hier sind weitere Untersuchungen dringend erforderlich. Von einem wirklichen Verstehen der Prozesse sind wir noch meilenweit entfernt, von einem Konsens erst recht.

Es gibt aber noch einen weiteren Prozess mit ganz ähnlichen Folgen: Es mehren sich auch Anzeichen dafür, dass in einer sauberen Atmosphäre (also insbesondere auch vor dem Eingriff des Menschen) aus natürlich vorhandenen, von Bäumen freigesetzten Dämpfen bestimmte Aerosole entstehen, die zu Wolkenbildung führen und dadurch abkühlend wirken /The 2016/. In Kapitel 6.2 werde ich darauf nochmals zurückkommen. Wenn das stimmt, ist ein Teil der Erwärmung seit 1850 auf den Rückgang der Bewölkung seit damals zurückzuführen. Für das CO_2 bleibt dann nur mehr weniger übrig, selbst wenn es den ganzen Rest alleine verursacht haben sollte. Seine Wirksamkeit muss dann auch aus diesem Grund zurückgenommen werden.

Aber nichts ist nur gut und nichts ist nur schlecht. Die hohe Klimawirksamkeit der Aerosole kann man sich zumindest theoretisch auch zu Nutzen machen: Immer wieder wird überlegt, ob man Aerosole nicht gezielt zur Bekämpfung der CO_2-bedingten Erwärmung einsetzen soll. Der Prozess wird als »Geo-Engineering« bezeichnet. Dabei sollen in irgendeiner Weise größere Mengen Sulfat-Aerosole in die Atmosphäre eingebracht werden, wo sie dann das Klima abkühlen. Technisch umsetzbar wäre das sicher und infolge der relativ kurzen Verweilzeit zumindest bestimmter Aerosolformen in der Atmosphäre wäre das Risiko eines solchen Vorgehens vielleicht auch überschaubar. Aber erstens wissen wir noch viel zu wenig über die genaueren Prozesse, die die Aerosole in der Atmosphäre durchlaufen und zweitens, wenn die Kühlwirkung tatsächlich deutlich kleiner ist, siehe gerade, dann ist dieser Weg der Klimabeeinflussung weniger attraktiv. Das letzte Wort ist auch hier noch nicht gesprochen.

Noch eine kleine Anmerkung zur Veranschaulichung, wie beim Klimaproblem gerne argumentiert wird: Eine deutlich kleinere Kühlwirkung der Aerosole als in den Modellen bisher angenommen, wird immer öfter zugegeben. Allerdings wird daraus dann meist der Schluss gezogen, dass das Problem dadurch noch verschärft wird. Wenn die Aerosole nicht kühlen, heißt es, dann erwärmt das CO_2 ungebremst und wir müssen seine Freisetzung noch stärker reduzieren. Dabei wird die in den Modellen eingebaute gegenseitige Abhängigkeit von CO_2-Erwärmung und Aerosol-Kühlung geflissentlich übersehen: Weil der Gesamteffekt (die tatsächliche Erwärmung) ja vorgegeben ist, muss die Erwärmung durch das CO_2 kleiner werden, wenn die Abkühlung durch die Aerosole kleiner wird. In den Augen mancher Menschen darf es ein Reduzieren der Erwärmungswirkung des CO_2 aber auf keinen Fall geben, also wird er Effekt einfach umgedreht. So einfach ist das, wenn man auf der moralisch guten Seite steht und vor Gefahren warnt!

5.8 Hotspot

Insbesondere in den Tropen verdampft infolge der hohen Temperaturen viel Wasser und sammelt sich als Dampf in der Troposphäre an. Wasserdampf ist aber, wie schon gesagt, ein Treibhausgas. Mit der starken Treibhausgas-Wirksamkeit der Modelle errechnet man daher für den oberen Bereich der äquatornahen Troposphäre eine besonders hohe Erwärmung. Von den Fachleuten wird die als »Hotspot« bezeichnet. Bei Messungen (mit Ballonen und von Satelliten aus) findet man diesen Hotspot aber nicht. Wieder muss man die Treibhausgas-Wirksamkeit in den Modellen reduzieren, dann verschwindet der Hotspot in den Rechnungen und diese stimmen besser mit den Beobachtungen überein. Aber dann erhält man auch keine bedrohliche Erwärmung durch die Treibhausgase!

Die Indizien für eine Überschätzung der Klimasensitivität der Treibhausgase in den Modellen sind ganz erheblich. Weitere Forschungsanstrengungen zur Abklärung des realen Sachverhaltes sind dringend notwendig. Konsens: Fehlanzeige.

5.9 Latentwärmeabfuhreffekt

Wie in Kapitel 3.2 dargelegt, beruht der Treibhauseffekt (THE) auf den Strahlungseigenschaften des CO_2 (und der anderen Treibhausgase). Als Folge dieser Eigenschaften wird ein Teil der von der Erdoberfläche abgestrahlten Energie wieder zur Erde zurück geführt. Dadurch erwärmt sich diese. Das ist der THE und soweit ist alles klar. Die Strahlungseigenschaften des CO_2 (und der anderen Treibhausgase) bewirken aber noch einen zweiten Effekt: Mit dem wird zusätzliche Energie von der Erdoberfläche in den Weltraum abgeführt, daher kühlt er. Ich möchte ihn »Latentwärmeabfuhreffekt« (LWE) nennen.

Mit diesem Effekt wollen wir uns jetzt etwas näher befassen. Um das Prinzip leichter verständlich zu machen, möchte ich bei der Beschreibung nur gasförmige Substanzen in der Atmosphäre berücksichtigen. Real sind natürlich auch feste und flüssige Bestandteile (Staub und Tröpfchen) in der Atmosphäre vorhanden. Berücksichtigt man auch diese, wird es komplizierter, weil sie sowohl das einfallende Sonnenlicht als auch die abgehende Wärmestrahlung beeinflussen, das Ergebnis bleibt grundsätzlich aber das gleiche.

Der Latentwärmeabfuhreffekt beruht darauf, dass die Erdoberfläche nicht nur über Strahlung Energie abgeben kann. Auch als latente Energie (Verdunstung von Wasser) und per Leitung und Konvektion (»sensible Energie«) gelangt Energie von der Erdoberfläche in die Atmosphäre. Wären in der Atmosphäre keine Treibhausgase vorhanden, könnte diese Energie nur über materiegebundene Prozesse (z. B. Regen) wieder von der Atmosphäre abgegeben werden, da Stickstoff und Sauerstoff nicht strahlen. Die materiegebundenen Prozesse gehen aber (von minimalen Spurenmengen abgesehen) nie in den Weltraum, sondern immer nur zurück zur Erde, wie wir das ja auch vom Regen kennen. Ohne Treibhausgase würde sich daher ein Gleichgewicht einstellen, bei dem laufend genau gleich viel Wärme materiegebunden zur

Erde zurückgeht, wie als Latentwärme und per Leitung und Konvektion in die Atmosphäre eingebracht wird. Gleich viel Wärme rauf wie runter hätte auf die Temperaturen keinen Einfluss.

Man kann den Sachverhalt auch so beschreiben: Ohne Treibhausgase gibt die Atmosphäre keine Energie per Strahlung ab, der Austausch von latenter und sensibler Energie zwischen Erdoberfläche und Atmosphäre ist ausgeglichen und die Erdoberfläche gibt netto nur per Strahlung Energie ab. Und zwar genau so viel, wie sie von der Sonne erhält. Die Abgabe geht unbehindert voll in den Weltraum.

Ergänzung für diejenigen, die es genauer haben wollen: Warme Luft (wärmer als die umgebende Luft) steigt auf und transportiert damit Wärme nach oben. Wenn oben keine Wärme abgegeben wird (weil nichts strahlt), wird es oben immer wärmer. Das geht solange, bis die ganze Atmosphäre so warm ist wie die Erdoberfläche. Dann steigt nichts mehr auf und der Austausch »gleich viel rauf wie runter« kommt zum Erliegen. Auf die Temperaturen hat das dann erst recht keinen Einfluss. Die Erdoberfläche würde weiterhin genau so viel Energie in den Weltraum abstrahlen, wie sie von der Sonne erhält. Allerdings wären Wetter und Klima auf der Erde völlig anders. Ende der Ergänzung.

Mit Treibhausgasen strahlt die Atmosphäre Wärmeenergie ab. Auch einen Teil der ihr als Latentwärme und sensibler Wärme zugeführten Energie. Materiegebunden zurück zur Erde geht nur mehr der Rest. Die durch Strahlung abgegebene Energie geht wie üblich zur Hälfte zurück zur Erde und zur anderen Hälfte nach außen in den Weltraum. Dieser Energiefluss in den Weltraum ist ein zweiter Wärmeabfuhrpfad von der Erdoberfläche in den Weltraum. Er besteht neben dem Wärmeabfuhrpfad über die Abstrahlung von der Erdoberfläche. Da auf beiden Pfaden zusammen mehr Wärme transportiert wird als auf einem, hat das sehr wohl Einfluss auf die Temperaturen: Es wird kälter als ohne diesen zweiten Effekt.

Noch kurz zur Gesamt-Energiebilanz: Mit Treibhausgasen in der Atmosphäre strahlen Erdoberfläche und Atmosphäre zusammen genau so viel Energie in den Weltraum ab, wie sie von der Sonne erhalten. Zur Erinnerung: Ohne Treibhausgase strahlt nur die Erdoberfläche!

Wie schon gesagt, besteht der zweite Wärmeabfuhrpfad »Latentwärmeabfuhreffekt« eigentlich aus drei Teilpfaden: Latenter Wärme, Leitung und
Konvektion. Die Namensgebung habe ich nach dem größten Beitrag ausgewählt. In Tabelle 1 sind die beiden Effekte nochmals einander gegenübergestellt.

Zum besseren Verständnis, warum CO_2 nicht nur wärmt, sondern auch kühlt,
möchte ich einen Vergleich versuchen. Der hinkt natürlich, wie jeder Vergleich hinkt, hilft vielleicht aber doch beim Verständnis: Ein heißer Körper,
z. B. ein Motor, wird besser gekühlt, wenn man an seiner Oberfläche Kühlrippen anbringt. Dann gibt nur mehr ein Teil der eigentlichen Motoroberfläche
Wärme direkt an die Umgebung ab, der andere Teil gibt sie an die Kühlrippen
ab und erst von dort wird sie an die Umgebung abgegeben. Infolge der guten
Wärmeleitung im Metall ist der Übergang in die Kühlrippen sehr gut und
infolge ihrer größeren Oberfläche geben die Kühlrippen die Wärme auch
besser an die Umgebung ab. Anders ausgedrückt, ist der Wärmeabfuhrpfad
über die Kühlrippen effektiver als der direkt von der Motoroberfläche. Der
eine Teil (ohne Kühlrippen) bleibt gleich, der andere (mit Kühlrippen) wird
verbessert, insgesamt fließt daher mehr Wärme ab.

Beim »Latentwärmeabfuhreffekt« der Erde ist es bis zu einem gewissen Grad
analog: Nur entziehen wir dort nicht einem Teil der Erdoberfläche mehr
Wärme, indem wir für diesen Teil einen effektiveren Weg der Weitergabe eröffnen, sondern wir eröffnen für die gesamte Oberfläche einen zusätzlichen
Abfuhrpfad. Dadurch erhöhen wir die Effektivität auf der gesamten Oberfläche. Dass dieser zweite Wärmeabfuhrpfad auf einem Teilstück die Wärme
in einer anderen physikalischen Form transportiert (eben als latente und
sensible Wärme) ist für die sich insgesamt einstellende Wirkung belanglos.

Der »Latentwärmeabfuhreffekt« wird also von der Physik zwingend vorgeschrieben. In den Klimamodellen ist er – wenn auch ohne Benennung –
prinzipiell enthalten, weil die Verdunstung von Wasser, die Wärmeleitung
und die Konvektion mit berücksichtigt werden. Die Frage ist nur, ob der
Effekt auch ausreichend enthalten ist. Die Frage verschärft sich, weil das
Verhältnis der beiden Effekte mit zunehmender Treibhausgaskonzentration
immer mehr zugunsten der Latentwärmeabfuhr verschoben wird. Dies ist
eine Folge davon, dass die Absorption von Strahlung in den Treibhausgasen

prinzipiell einer Sättigung zustrebt. Irgendwann einmal dürfte der Latentwärmeabfuhreffekt sogar überwiegen, allerdings weiß niemand, ab welcher Treibhausgaskonzentration.

THE	LWE
• Die Sonne bestrahlt die Erde.	• Die Wirkungsweise des THE bleibt unangetastet.
• Die Erde erwärmt sich, bis sie so viel Energie abstrahlt, wie sie bekommt.	• Es wird aber durch Verdunstung (»latente Wärme«), Wärmeleitung und Konvektion (»sensible Wärme«) zusätzliche Wärmeenergie von der Erdoberfläche in die Atmosphäre eingebracht.
• Treibhausgase in der Atmosphäre absorbieren einen Teil dieser Abstrahlung.	• Das passiert auch ohne Treibhausgase, aber dann kann diese Energie von der Atmosphäre nur wieder zurück an die Erde abgegeben werden, z. B. durch Regen. Die Erde bekommt dann gleich viel zurück, wie sie abgibt. Auf die Temperaturen hat das keinen Einfluss.
• Dadurch erwärmen sie sich und strahlen nun selbst, ungerichtet, also je zur Hälfte nach oben und nach unten.	
• Die Strahlung nach unten (»Gegenstrahlung«) führt der Erde zusätzliche Energie zu, zusätzlich zur Sonneneinstrahlung. Dadurch erwärmt sich die Erde. Das ist der THE.	• Mit Treibhausgasen wird ein Teil dieser Energie per Strahlung aus der Atmosphäre in den Weltraum abgegeben.
• Andere Betrachtung: Ohne Treibhausgase strahlt nur die Erde, mit Treibhausgasen strahlt auch die Atmosphäre. Ihre unteren Schichten absorbieren viel Wärmeabstrahlung von der Erde, daher erwärmen sie sich. Ihre oberen Schichten entsenden viel Strahlung in den Weltraum, aus dem nichts zurückkommt, daher kühlen sie sich ab (Temperaturspreizung in der Atmosphäre). Die Wärmeabstrahlung aus der Atmosphäre in den Weltraum geht deshalb von einem niedereren Temperaturniveau aus. Zur Kompensation muss die Wärmeabstrahlung von der Erdoberfläche daher von einem höheren Temperaturniveau aus erfolgen. Nur so herrscht für das Gesamtsystem »Erde + Atmosphäre« wieder Gleichgewicht mit der Energiezufuhr von der Sonne. Das ist der THE.	• Dadurch entsteht ein zweiter Wärmeabfuhrpfad von der Erdoberfläche in den Weltraum. Er existiert parallel zur Wärmestrahlung von der Erdoberfläche durch Strahlung.
	• Da die Gesamtwärmeabfuhr gleich bleibt (die Sonne ändert sich ja nicht), muss zur Kompensation die Wärmeabstrahlung von der Erdoberfläche zurückgehen, die Erde muss also kälter werden als ohne diesen Effekt. Das ist der LWE.
	• Mit zunehmender Konzentration der Treibhausgase in der Atmosphäre gewinnt der LWE gegenüber dem THE an Gewicht, da die Absorption der Strahlung in den Treibhausgasen einer Sättigung entgegen strebt.

Tabelle 1: Gegenüberstellung von Treibhauseffekt (THE) und Latentwärmeabfuhreffekt (LWE). Beide sind zwingende Folgen der Strahlungseigenschaften der Treibhausgase.

In der öffentlichen Diskussion kommt der kühlende Effekt über die Abfuhr der latenten und sensiblen Wärme so gut wie gar nicht vor. Weitere Abklärungen, wie stark dieser Effekt wirklich ist und wie stark er bei weiter erhöhter CO_2-Konzentration sein wird, sind dringend erforderlich.

5.10 Der eisfreie Nordpol

Der Nordpol besteht bekanntlich nur aus Wasser und Eis. Zutreffend heißt das Meer drum herum auch »Eismeer«. Seit dem 16. Jahrhundert träumen Seefahrer davon, die Nordost- und die Nordwestpassage für die Schifffahrt zu erschließen. Interessant ist das, weil dadurch der klassische Seeweg, z. B. zwischen Rotterdam und Tokyo, um rund 6000 km verkürzt wird. Alle Versuche scheiterten aber an der dicken Eisbedeckung. Eine Durchfahrt durch die Nordostpassage gelang erst gegen Ende des 19. Jahrhunderts, ohne Überwinterung sogar erst im 20. Jahrhundert. Durch die Klimaerwärmung haben sich die Verhältnisse seither erheblich verbessert. Die Durchfahrt ist in den Sommermonaten zur Routine geworden, aber auch heute noch meist nur mit Eisbrecherbegleitung möglich. Viele erhoffen sich weitere Erleichterungen durch weitere Erwärmung.

Keine Erleichterung darin sieht der frühere amerikanische Vizepräsident Al Gore. Im Jahre 2007 sprach er in seiner Rede anlässlich der Verleihung des Friedensnobelpreises von einer brandneuen (allerdings nicht näher benannten) Studie, der zufolge der Nordpol »innerhalb von 7 Jahren komplett eisfrei« sein wird /Gor 2007/. In sieben Jahren, 2014, der Nordpol komplett eisfrei. Al Gore stuft das als katastrophal ein. Seiner Meinung nach ist etwas »grundlegend falsch« und dieses Etwas »sind wir«. Ähnliche Aussagen hat er auch bei zahlreichen anderen Gelegenheiten gemacht. Auch viele andere Prominente haben sich in diesem Sinne geäußert. In den Medien wurden solche Aussagen begierig aufgenommen und weiterverbreitet. In der Zwischenzeit haben sie sich regelmäßig wiederholt, wobei der Zeithorizont von sieben Jahren meist in etwa konstant geblieben ist.

Schon das macht einen stutzig. Aber probieren wir einen Faktencheck: Abb. 8 zeigt unmissverständlich, dass Al Gore, die von ihm zitiere Studie und alle Nachfolger ganz einfach falsch lagen. Am Nordpol gab es 2018 immer noch Eis, ungefähr gleich viel, wie es 2007 gegeben hat! Die Werte für 2007 bis 2018 (bunte Kurven) liegen zwar durchweg unter dem Durchschnitt von 1981 bis 2010 (schwarze Kurve, grau hinterlegt der Schwankungsbereich mit zwei Standardabweichungen), aber seit 2007 gibt es offensichtlich keine weitere Abnahme mehr, 2018 (dicke rote Kurve) liegt im Sommer sogar klar über dem Minimum von 2012 (dünne rosarote Kurve). Offensichtlich macht sich die Stagnation der Luft-Erwärmung der letzten 20 Jahre mittlerweile auch beim Eis bemerkbar, es ist einigermaßen stabil geworden. Wie es weiter geht, bleibt abzuwarten.

Die weitgehende Stabilisierung der Verhältnisse gilt aber nicht nur für das Meereis, auch dem grönländischen Eisschild geht es mittlerweile wieder etwas besser. Abb. 9 zeigt die sich aus Niederschlag und Abschmelzen ergebende Massenbilanz dieses Schildes (Integration über die gesamte Fläche). Oben aufgetragen ist die Tagesbilanz vom 1. September bis zum 31. August, unten aufgetragen sind die akkumulierten Werte (Summe innerhalb des Jahres). Im langen Winter, September bis Mai, ist immer mehr hinzugekommen als abgeschmolzen und daran hat sich offensichtlich im Laufe der Jahre auch quantitativ nichts geändert. Das ist auch verständlich, im Winter war es trotz Erwärmung immer noch viel zu kalt, um zu nennenswertem Abschmelzen zu führen. Anders im kurzen Sommer, Juni bis August: Da gab es immer schon netto ein Abschmelzen (negative Tageswerte und sinkende Summenwerte) und dieses ist durch die Erwärmung auch klar stärker geworden. Im bisher schlimmsten Jahr (2012, rote Kurve) ist wesentlich mehr abgeschmolzen als im langjährigen Schnitt (1981 bis 2010, schwarze Kurve, grau hinterlegt der Schwankungsbereich mit zwei Standardabweichungen). Im Jahr 2018 (braune Kurve) war der Massenverlust allerdings nicht nur viel kleiner als im Rekordjahr 2012, sondern vor allem auch deutlich kleiner als im langjährigen Schnitt. Die Lage scheint sich auch hier beruhigt zu haben, das sommerliche Abschmelzen hat stark abgenommen.

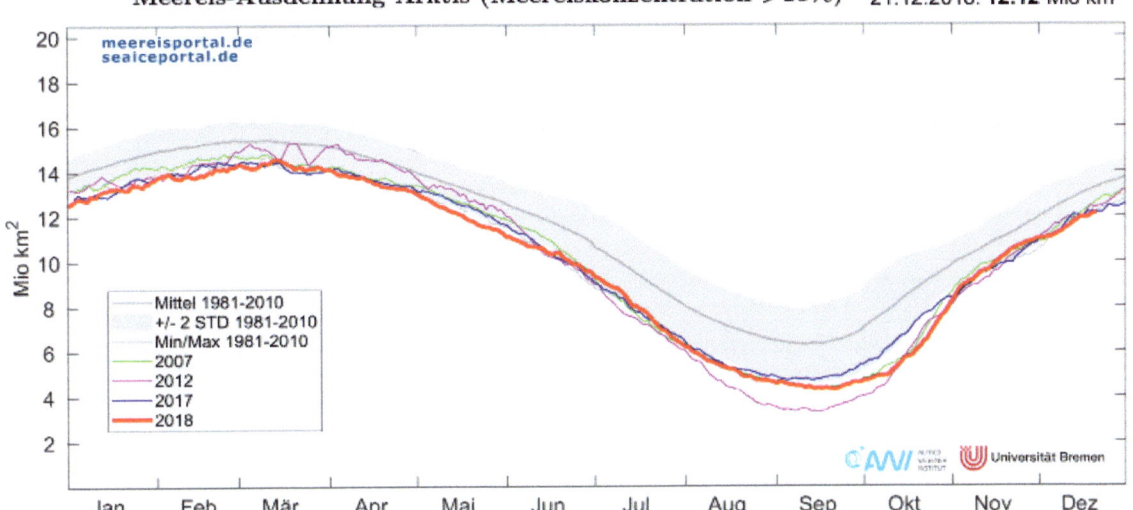

Abb. 8: Ausdehnung des Meereises in der Arktis. Die graue Kurve zeigt den Durchschnitt der Jahre 1981 bis 2010 mit Bandbreite von zwei Standardabweichungen, die bunten Kurven zeigen weitgehend stabile Verhältnisse seit 2007. Quelle: /Meer 2018/.

In der Abb. 9 sind die Jahresendwerte durchweg höher als die Ausgangswerte. Über das Jahr ist also stets mehr hinzugekommen als abgeschmolzen. Bei Interpretation der Abbildung ist allerdings darauf zu achten, dass in dieser die Massenbilanz aus Niederschlag und Abschmelzen aufgetragen ist und Eisverluste durch Kalben von Gletschern nicht berücksichtigt sind. Zählt man die mit hinzu, ergibt sich insgesamt weiter ein (allerdings gebremster) Massenverlust.

Ich will kurz zusammenfassen: Anfangs des 21. Jahrhunderts hat die Arktis zweifellos Eis verloren. Aber der Effekt ist mittlerweile deutlich kleiner geworden, vielleicht sogar ganz zum Stillstand gekommen. Rückblickend waren nicht »wir grundlegend falsch«, sondern Al Gore mit seinen Voraussagen. Als Konsequenz davon müssen diejenigen, die sich auf eine eisfreie Durchfahrt durch die Nordost- und die Nordwestpassage gefreut haben, vermutlich noch länger darauf warten.

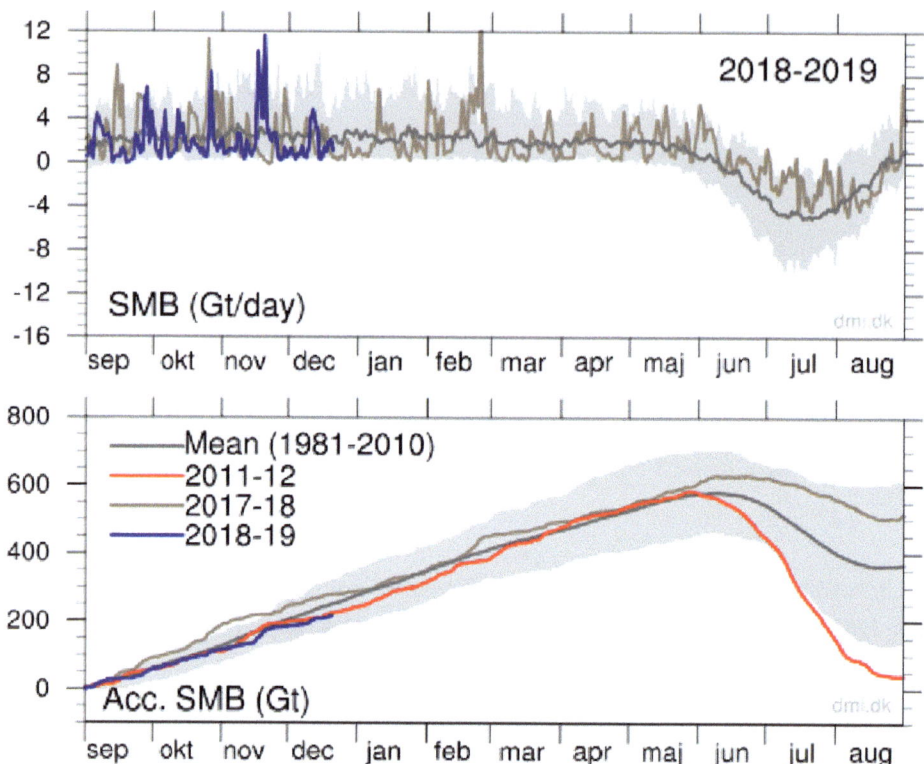

Abb. 9: Massenbilanz des grönländischen Eisschildes aus Niederschlägen und Abschmelzen. Der grau hinterlegte Bereich entspricht 2 Standardabweichungen des Mittelwertes 1981 bis 2010. Quelle: /DMI 2018/.

5.11 Bewertung der Situation

Dass das Klima sich in den letzten 100 Jahren erwärmt hat, ist unstrittig (eigentlich sogar in den letzten 400 Jahren). Streit gibt es jedoch über die Ursachen dieser Erwärmung. Und natürlich über die Frage, wie es weitergehen wird. Klimamodelle gehen von einer hohen Wirksamkeit der Treibhausgase aus und berechnen damit bis Ende des Jahrhunderts erhebliche Konsequenzen, wenn die anthropogenen CO_2-Freisetzungen nicht drastisch reduziert werden. Beobachtungen widersprechen diesen Aussagen in vielen Bereichen. Sie zeigen nur eine geringe Klimasensitivität des CO_2 und einen erheblichen Beitrag anderer Verursacher von Klimaveränderungen und sie belegen erhebliche Schwächen der Klimamodelle. Die Sorge vor katastrophalen Entwicklungen lässt sich aus den Beobachtungen jedenfalls nicht begründen. Auch Direktberechnungen der Klimasensitivität des CO_2 auf strahlenphysikalischer Basis sowie Auswertungen von Satellitenmessungen ergeben deutlich kleinere Werte. Die Situation ist völlig unbefriedigend, aber solange die Diskrepanz zwischen Klimamodellrechnung und Beobachtung nicht offen zugegeben wird, wird es schwer sein, diese Diskrepanz zu schließen und eine Verbesserung herbei zu führen. Hier besteht dringender Handlungsbedarf.

6 Andere Ursachen

6.1 Der unzulässige Ausschluss

Die Klimamodelle sind gezielt zum Nachweis des menschengemachten Einflusses auf das Klima entwickelt worden. Vielleicht kommen sie (und die sie betreibenden Wissenschaftler) auch gerade deswegen zum Ergebnis, dass das CO_2 (der anthropogene Treibhauseffekt) Hauptverursacher der Erwärmung der letzten 150 Jahre ist. Nur so, so wird immer wieder gesagt, lässt sich diese Erwärmung ausreichend erklären. Im Umkehrschluss dazu wird ein großer Einfluss anderer Ursachen ausdrücklich ausgeschlossen. Dieser Ausschluss hat einen erheblichen Einfluss auf die gesamte Klimadiskussion. Also ist es wichtig, darüber zu reden.

In meinen Augen hat die zum Ausschluss führende Argumentation drei prinzipielle Schwächen:

- Erstens lässt sich mit dem CO_2 als hauptsächlichem Klimatreiber vielleicht die Erwärmung von ca. 1975 bis 2000 ausreichend erklären, nicht aber die von Unterbrechungen gekennzeichnete Erwärmung von 1850 bis heute. Dieser Verlauf ist gerade nicht eindeutig dominierend vom CO_2 bestimmt, siehe oben, es muss also auch andere Ursachen von Klimaänderungen geben. Dass das auch für die Zeit vor 1850 gilt, sei nur noch kurz ergänzend angemerkt.

- Zweitens kann man auf diese Art höchstens solche Dinge ausschließen, die man mit untersucht hat. Nicht berücksichtigte oder gar unbekannte Effekte (niemand kennt alles!) können damit gerade nicht ausgeschlossen werden.

- Und drittens ist der Ausschluss auch dann unberechtigt, wenn ein bestimmter Effekt zwar berücksichtigt, aber unvollständig oder fehlerhaft berücksichtigt worden ist.

Alle drei Einsprüche gegen den Ausschluss anderer Ursachen sind m. E. logisch zwingend. Es kann solche »andere Ursachen« sehr wohl geben. Man muss jeweils im Detail prüfen, ob bzw. wie weit eine bestimmte Ursache tatsächlich infrage kommt oder nicht. Auf zwei der am häufigsten diskutierten anderen Ursachen werde ich nachfolgend näher eingehen.

6.2 Die Sonne

6.2.1 Anfangsverdacht

Die Sonne ist zweifellos der wichtigste Klima-Faktor auf der Erde. Bei näherem Hinsehen strahlt sie nicht immer makellos hell, sondern zeigt oft auch dunkle Flecken, die sogenannten »Sonnenflecken«. Diese entstehen durch örtlich begrenzte Behinderung des Wärmetransportes aus dem Inneren der Sonne nach außen infolge Veränderungen des Magnetfeldes in der Sonne. Begleitet werden die Sonnenflecken von gewaltigen energetischen Ausbrüchen. Daher strahlt die Sonne auch etwas stärker, wenn sie viele Sonnenflecken hat.

Die Sonnenflecken werden seit Erfindung des Fernrohres genau verfolgt. Weiter zurück lassen sie sich aus Untersuchungen an Baumringen und Eisbohrkernen rekonstruieren. Dabei hat man festgestellt, dass die Zahl der Sonnenflecken in etwa 11-jährigem Rhythmus schwankt (»Schwabe-Zyklus«). Es gibt auch noch längerfristige Zyklen oder Schwankungen, z. B. den »Gleissberg-Zyklus« mit einer Periode von ca. 80 bis 90 Jahren und den »Suess/de-Vries-Zyklus« mit ca. 210 Jahren Periode (jeweils nach ihren Entdeckern benannt). Auffallend an den Sonnenzyklen ist ihre relative große Streubreite der Zykluslänge. Die Dauer der Schwabe-Zyklen z. B. schwankt zwischen 9 und 14 Jahren.

Seit 1749 werden die Schwabe-Zyklen laufend durchnummeriert. Zurzeit (seit 2008) befinden wir uns im Zyklus Nr. 24. Dieser ist einer der schwächsten, die je beobachtet wurden. Schon sein Vorgänger, Zyklus Nr. 23 (1996 bis 2008), war nur mittelstark, während die beiden davor liegenden, Nr. 21 (1976 bis 1986) und Nr. 22 (1986 bis 1996) besonders stark waren. Wie es weiter geht, weiß niemand, aber da ein schwacher Zyklus selten alleine kommt, wird häufig damit gerechnet, dass auch Zyklus Nr. 25 ein schwacher sein wird. Warten wir es ab.

Je nachdem wie stark die diversen Zyklen ausfallen und wie sie sich über-
lagern, gibt es erhebliche Schwankungen in der Zahl der Sonnenflecken.
Bekannt sind vor allem das Maunder-Minimum 1645–1715 und das Dal-
ton-Minimum 1790–1830 mit nahezu keinen Sonnenflecken. Auf der Erde
war es in diesen Zeiten ungewöhnlich kalt. Umgekehrt war es im 20. Jahrhundert: Da gab es sehr viele Sonnenflecken und es war deutlich wärmer. Im
21. Jahrhundert schließlich ist die Zahl der Sonnenflecken wieder wesentlich
kleiner und die Erwärmung scheint auch erheblich zurückgegangen zu sein.
In meinen Augen begründet das einen Anfangsverdacht für einen wichtigen
Einfluss der Sonnenflecken auf unser Klima.

6.2.2 Gesamtstrahlung

Aber man muss quantifizieren. Im Zeitalter der Satelliten kann man die
Strahlung der Sonne am äußeren Rand der Atmosphäre (also noch unver-
fälscht durch diese) gut messen. Die Gesamtstrahlung (»total solar irra-
diance«, TSI), schwankt dort zwischen einem Sonnenfleckenmaximum und
einem Sonnenfleckenminimum des Schwabe-Zyklus um ca. 0,1 Prozent. Das
ist sehr wenig. Wenn man es mit anderen Klimaeinflüssen vergleicht (oder in
die Rechenmodelle eingibt), ergibt sich tatsächlich nur eine verschwindend
kleine Wirkung. Also doch kein nennenswerter Einfluss?

6.2.3 Verstärkung 1: UV-Bereich

Doch auch der Einfluss der Treibhausgase ist ja zunächst verhältnismäßig
klein und erreicht, wie dargelegt, seine möglicherweise bestimmende Wirkung auf das Klima nur durch mögliche Verstärkungsmechanismen. Kann
es solche Verstärkungsmechanismen nicht auch für die Sonnenflecken geben? Ja, kann es, selbstverständlich. Sie werden nur in den Rechenmodellen
normalerweise nicht berücksichtigt. Als Begründung wird meist angegeben,
dass da noch zu viele Unsicherheiten vorhanden wären. Wo ist da der Unterschied zur Wasserdampfverstärkung beim Treibhauseffekt (Kapitel 5.2.5)?

Außerhalb der Rechenmodelle werden in der Fachwelt auch mehrere solcher
Mechanismen diskutiert. Z. B. ändert sich die Sonnenstrahlung im UV-Be-
reich wesentlich stärker mit der Zahl der Sonnenflecken als die Gesamtstrahlung (TSI), etwa um 10 Prozent, in Teilbereichen sogar um bis zu 70 Prozent

/Woo 2002/! Diese UV-Strahlung beeinflusst durch Wechselwirkung mit dem Ozon die Temperatur der oberen Atmosphärenschichten der Erde ganz erheblich. Das kann alleine oder im Zusammenwirken mit anderen Effekten (z. B. Ozeanerwärmung durch die geringfügig verstärkte Sonnenstrahlung) erhebliche Klimaauswirkungen haben /Mee 2009/. Aber quantifizieren kann man die meines Erachtens heute noch nicht ausreichend. Da bleibt noch einiges zu tun.

6.2.4 Verstärkung 2: Direkte Sonneneinstrahlung

Dieser mögliche Verstärkungsmechanismus bedient sich eines Umweges: Über die galaktische kosmische Strahlung. Diese ist ein ständiger Strom hochenergetischer Teilchen, die als Folge von Supernova-Explosionen aus den Tiefen des Weltraumes zur Erde kommen. Schon vor längerer Zeit hat man erkannt, dass die Menge der kosmischen Strahlen, die die Erde treffen, sich mit der Zahl der Sonnenflecken ändert: Je mehr Flecken, desto weniger kosmische Strahlung. Mittlerweile weiß man, dass das auf das Magnetfeld der Sonne zurückzuführen ist: Dieses lenkt einen erheblichen Teil der kosmischen Strahlung großräumig um das Sonnensystem (und damit auch um die Erde) herum. Je stärker es ist, umso mehr. Stärker ist das Magnetfeld, wenn die Sonne aktiver ist, also wenn sie viele Sonnenflecken hat. In einem Sonnenfleckenmaximum ist das Magnetfeld um bis zu 10 Prozent stärker und dann trifft uns bis zu 20 Prozent weniger kosmische Strahlung. Der Effekt lässt sich relativ einfach messen und ist unstrittig.

Unstrittig ist auch, dass die kosmische Strahlung in der Atmosphäre der Erde Elektronen aus Atomen herausschlägt und dadurch Ionen erzeugt. Dies geschieht insbesondere in den untersten Schichten der Atmosphäre, weil da die Dichte der Luft am größten ist.

Aber das hat alles noch nichts mit Wetter oder Klima zu tun. Der Zusammenhang ergibt sich erst aus weiteren Beobachtungen und Experimenten, die unter anderem auch am Forschungszentrum CERN gemacht wurden /Kirk 2016/: Die Ionen tragen dazu bei, dass sich in der Atmosphäre aus Vorläufersubstanzen Aerosol-Partikel mit einer Größe im Nanometerbereich bilden (1 Nanometer = 1 nm = 10^{-9} m).

Früher hatte man geglaubt, dass diese nm-großen Aerosol-Partikel nur in Anwesenheit von SO_2 in der Atmosphäre gebildet werden. Jetzt weiß man, dass das auch in sauberer Luft ohne SO_2 passiert. Es müssen nur geeignete Vorläufersubstanzen und zusätzlich auch Ionen vorhanden sein. Als Vorläufersubstanzen für die Aerosole dienen dabei organische Dämpfe, wie sie z. B. von Wäldern freigesetzt werden und in den unteren Atmosphärenschichten überall zahlreich vorhanden sind. Und die Ionen werden durch die kosmische Strahlung gebildet. Beim Entstehungsprozess der nm-großen Aerosol-Partikel dienen die Ionen gewissermaßen als Geburtshelfer. Genauer: Sie verstärken das auch ohne Ionen vorkommende Zusammenballen von Molekülen zu nm-großen Partikeln um das Zehn- bis Hundertfache! Dadurch wird dieser Prozess wichtig, auch ohne SO_2.

Ist zusätzlich auch SO_2 in der Luft vorhanden (z. B. aus anthropogener Freisetzung), dient dieses als (zusätzliche) Vorläufersubstanz für die Aerosole. Dann geschieht das Zusammenballen von Molekülgruppen zu nm-großen Aerosol-Partikeln auch ohne Ionen in erheblichem Umfang. Die Verstärkung durch die Anwesenheit von Ionen fällt dadurch weniger stark aus. Der Einfluss der kosmischen Strahlung (den Verursacher der Ionen) auf die Anzahl der Partikel im nm-Bereich ist daher in Zeiten (in Gebieten) mit geringer Luftverschmutzung besonders groß.

Die Stärke der kosmischen Strahlung beeinflusst also die Zahl der Aerosol-Partikel im nm-Bereich: Bei starker kosmischer Strahlung (bei wenigen Sonnenflecken) gibt es mehr solche Aerosole als bei schwacher kosmischer Strahlung (bei vielen Sonnenflecken). Diese Aerosol-Partikel sind zu klein, um sichtbar zu sein. Sie absorbieren und streuen jedoch das einfallende Sonnenlicht. Dadurch schwächen sie die direkt von der Sonne zur Erdoberfläche gelangende Strahlung. Entsprechend der Zahl der Aerosol-Partikel ist diese Schwächung bei wenigen Sonnenflecken (viel kosmische Strahlung, viele Aerosol-Partikel) deutlich größer als bei vielen Sonnenflecken (wenig kosmische Strahlung, wenige Partikel). Der Unterschied lässt sich messen: Er macht etwa 1 Prozent aus /Web 2010/. Der Unterschied ist auf der Erdoberfläche daher 10 mal stärker als der Unterschied der TSI am oberen Rand der Atmosphäre (Kapitel 6.2.2)! Mit dieser Verstärkung wird eine Größenordnung erreicht, die durchaus klimarelevant sein kann.

Aber Vorsicht ist geboten, denn es gibt auch einen gegenläufigen Effekt: Es wird zwar die direkte Sonneneinstrahlung reduziert, aber ein Teil der so verringerten Energiemenge kommt als Streustrahlung doch noch zur Erdoberfläche. Wie viel Klimarelevanz übrig bleibt, ist meines Erachtens offen. Weitere Abklärungen sind dringend notwendig.

6.2.5 Verstärkung 3: Svensmark-Effekt

1997 haben Henrik Svensmark und Egil Friis-Christensen auf der Basis des gerade geschilderten Effektes und von Beobachtungen eine neue, in sich konsistente Theorie zum Klima aufgestellt, /Sven 1997/: Herzstück ist der Beitrag kosmischer Strahlung zur Bildung von Wolken. Wie, werden wir gleich sehen. Die Wolken beeinflussen dann ihrerseits das Klima. Wolkenbedeckung und kosmische Strahlung lassen sich gut messen, daher ist der Zusammenhang zwischen den beiden überprüfbar. Abb. 10 zeigt das Ergebnis.

Der Zusammenhang ist evident. Die kosmische Strahlung beeinflusst die Wolkenbedeckung. Aber wie wirkt sich dies auf das Klima aus? Schon in Kapitel 5.2.4 haben wir gesehen, dass Wolken nicht gleich Wolken sind. Niedrige Wolken kühlen, hohe erwärmen. Durch die kosmische Strahlung werden vor allem niedrige Wolken gebildet. Erstens, weil die Vorläufersubstanzen für die Bildung der kleinen Aerosol-Partikel vor allem in den untersten Atmosphärenschichten vorhanden sind und zweitens, weil dort infolge der hohen Luftdichte auch die Ionisationsdichte durch die kosmische Strahlung besonders groß ist. Die Wolken der kosmischen Strahlung sind daher niedrige Wolken und sie kühlen daher, das ist ihre Auswirkung auf das Klima. Mehr Wolken heißt kälter, weniger Wolken heißt wärmer.

Das können wir jetzt zu einem Gesamtbild zusammensetzen: Die kosmische Strahlung wird von der Sonne (von ihrem Magnetfeld) beeinflusst, sie beeinflusst ihrerseits die Wolken und die beeinflussen das Klima. Sind viele Sonnenflecken vorhanden, dann ist das Magnetfeld stark, dadurch ist die kosmische Strahlung schwach, daher gibt es wenige Wolken, demgemäß ist es wärmer. Bei wenigen Sonnenflecken ist es umgekehrt. In Abb. 11 habe ich die unterschiedlichen Wirkungen des starken oder schwachen Magnetfeldes der Sonne schematisch zusammengestellt.

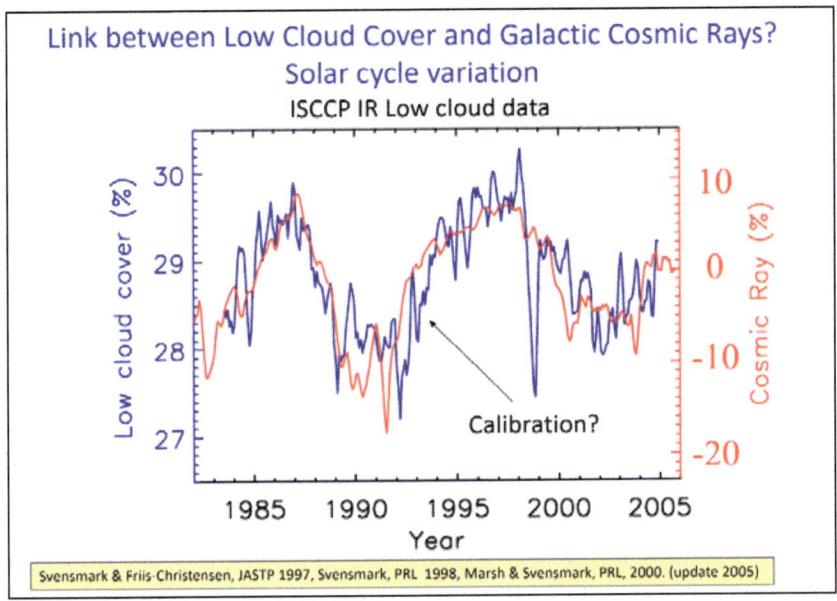

Abb. 10: Der Zusammenhang zwischen Wolkenbedeckung und kosmischer Strahlung. Quelle: /Sven 2018/.

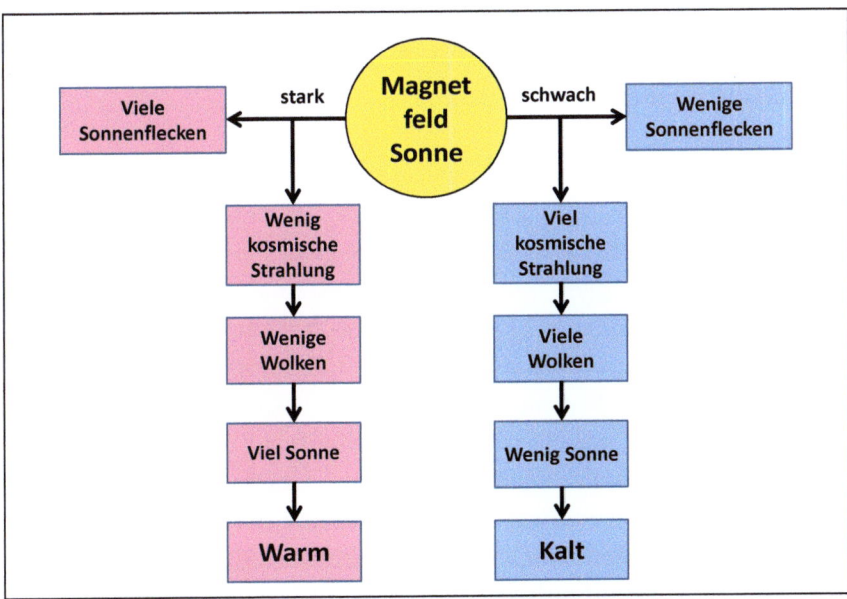

Abb. 11: Schematische Darstellung der Wirkung des Magnetfeldes der Sonne auf das Klima der Erde (Svensmark-Effekt).

Der Effekt wird heute als »Svensmark-Effekt« bezeichnet. Bei ihm sind die Sonnenflecken nicht der eigentliche Treiber für die Klimaänderungen, der ist vielmehr das Magnetfeld der Sonne mit seinem Einfluss auf die Stärke der kosmischen Strahlung. Aber die Sonnenflecken sind die für uns sichtbare Begleiterscheinung der Änderungen dieses Magnetfeldes.

Betrachtet man den Ablauf genauer, lässt sich die Bildung der Wolken durch kosmische Strahlung in zwei Schritte gliedern: Zuerst müssen durch Zusammenballung von Molekülen kleine Aerosol-Partikel entstehen und die müssen dann noch wachsen, bis sie groß genug sind, um als Kondensationskeime für die Bildung von Wolken geeignet zu sein. Der erste Schritt ist identisch mit dem Ablauf bei dem in Kapitel 6.2.4 beschriebenen möglichen Verstärkungsmechanismus: Die kosmischen Strahlen führen zur (verstärkten) Bildung von nm-großen Aerosol-Partikeln. 1997 war das noch eine mutige Annahme. Meines Erachtens kann sie mittlerweile aber als bewiesen angesehen werden. In Kapitel 6.2.4 haben wir auch gesehen, dass diese kleinen Aerosol-Partikel durch Schwächung der direkt einfallenden Sonnenstrahlung bereits eine Klimawirkung entfalten, aber eher nur eine kleine. Umso mehr Gewicht kommt dem im Svensmark-Effekt angenommenen zusätzlichen Schritt 2 zu: In diesem Schritt wachsen die kleinen Aerosol-Partikel zu Kondensationskeimgröße heran. Die Kondensationskeime führen dann zur Wolkenbildung mit entsprechendem Einfluss auf das Klima.

Wann und unter welchen Randbedingungen gibt es so ein Wachsen? Machen wir uns zunächst das Problem in Zahlen klar: Um als Kondensationskeime wirken zu können, müssen Partikel mindestens etwa 50 bis 100 nm groß sein. Auf das Volumen bezogen bedeutet das eine Zunahme auf das Millionenfache! Wie soll das geschehen? Es gab zwar Beobachtungen in der Natur über einen Zusammenhang zwischen Wolken und kosmischer Strahlung, die eigentlich ein solches Wachstum erfordern (z. B. auch Abb. 10). Aber lange Zeit konnte man in gezielten und kontrollierten Experimenten kein Wachstum finden und die damaligen theoretischen Überlegungen sprachen auch dagegen: Ionen erzeugen zwar zusätzliche kleine Aerosol-Partikel, die auch gerne wachsen möchten. Doch die nur in begrenzter Zahl verfügbaren, anlagerungsfähigen Moleküle müssen sich jetzt auf viele Partikel verteilen. Dadurch wird deren Wachstum so verlangsamt, das sie, bevor sie Kondensationskeimgröße erreichen, entweder verdampfen oder sich an schon vorhandene größere Teilchen anlagern. Die Zahl der Kondensationskeime erhöht sich dadurch nicht. Der zunächst von einigen Wissenschaftlern euphorisch begrüßte Svensmark-Effekt schien am Ende zu sein.

In den letzten Jahren dürfte aber auch da ein Durchbruch gelungen sein /Sven 2017 A/: Das Wachsen findet genau dann statt, wenn Ionen in der Luft vorhanden sind, und es ist auch umso stärker, je mehr Ionen vorhanden sind. Bewerkstelligt wird das durch eine früher nicht bekannte spezielle Wechselwirkung von Ionen (allgemeiner: geladenen Teilchen) und ungeladen Teilchen. Aufgrund dieser Wechselwirkung wachsen die Partikel ganz erheblich schneller. Dadurch entgehen sie dem Schicksal, vernichtet zu werden, bevor sie Kondensationskeimgröße erreichen. Für den detaillierten Ablauf der Interaktion zwischen den geladenen und ungeladenen Teilchen wurde eine sorgfältige theoretische Beschreibung erstellt und in umfangreichen Experimenten konnte das vorausgesagte Wachstum der Aerosole in Abhängigkeit von den Ionen bestätigt werden. Als Ionen können auch die dienen, die durch die kosmische Strahlung gebildet werden. Diese Strahlung bewirkt daher beides: Sie fördert die Bildung der kleinen Aerosol-Partikel und sie fördert deren Wachstum zu möglichen Kondensationskeimen (genauer: Sie tut das nicht selbst, sondern über die von ihr gebildeten Ionen).

Die physikalische Realität des Svensmark-Effektes dürfte damit prinzipiell bewiesen sein, auch wenn manche Details sicher nochmals kontrolliert werden müssen. Die Größe des Effektes ist schwieriger, aber eine erhebliche Verstärkung des Einflusses der Sonnenflecken gegenüber der bloßen Veränderung der Gesamtstrahlung (TSI) ist meines Erachtens so gut wie gesichert. Nach /Sven 2017 B/ ergibt sich eine fünf- bis siebenfache Verstärkung. Das wäre ein ganz wesentlicher Klimaeinfluss! Eine möglichst rasche endgültige Überprüfung scheint mir dringend erforderlich zu sein.

Jetzt muss ich nochmals auf Kapitel 5.7 zurückkommen. Da sprach ich davon, dass in der vorindustriellen Zeit die Wolkenbedeckung vermutlich höher war als bisher angenommen. Das hatte die Forderung nach einem reduzierten Beitrag des CO_2 zur Erwärmung seit 1850 und dementsprechend einer reduzierten Klimawirksamkeit des CO_2 zur Folge. Jetzt wird das verständlich: In sauberer Luft verstärkt die kosmische Strahlung die Bildung von Wolken besonders deutlich. In der vorindustriellen Zeit war es daher wolkenreicher als bisher angenommen. Ein Teil der Erwärmung seither ist deshalb auf den Rückgang der Bewölkung zurückzuführen. Für andere Ursachen (einschließlich CO_2) verbleibt daher weniger.

6.2.6 Diskussion des Svensmark-Effektes

Zunächst möchte ich einen grundlegenden Unterschied zwischen dem Svensmark-Effekt und »üblichen« Klimabeeinflussungen, z. B. durch den Treibhauseffekt, nochmals klar herausstellen: »Üblicherweise« werden die Wolken durch das Klima gesteuert (und verstärken dabei möglicherweise die Klimaänderungen, Kapitel 5.2.4), beim »Svensmark-Effekt« steuern umgekehrt die Wolken das Klima. Die Wolken selbst werden von der galaktischen kosmischen Strahlung beeinflusst. Diese ist also die eigentliche Stellgröße für das Klima. Nicht, dass wir sie einstellen könnten, aber sie verändert sich »von selbst« durch verschiedene natürliche Effekte. Wir können dann beobachten, ob der Svensmark-Effekt wie angegeben funktioniert.

Was also ändert die Stärke der kosmischen Strahlung auf der Erde? Erstens das Magnetfeld der Sonne im Takt mit den Sonnenflecken. Das hatten wir schon. Da gibt uns die Theorie des Svensmark-Effektes einen erheblichen Einfluss der Sonnenflecken auf unser Klima an. Das stimmt gut mit Beobachtungen überein. Das ist zwar noch kein endgültiger Beweis, aber doch ein deutliches Indiz.

Zweitens größere Sonneneruptionen (»koronale Massenauswürfe«): Diese verstärken den Sonnenwind (ein Strom geladener Teilchen, der von der Sonne ausgeht) für einige Tage ganz wesentlich. Durch diesen starken Sonnenwind verformen sich die Magnetfelder von Sonne und Erde so, dass diese die Teilchen der galaktischen kosmischen Strahlung verstärkt um die Erde herum lenken. Die Folge ist ein entsprechender Abfall der Intensität der kosmischen Strahlung auf der Erde, der ebenfalls mehrere Tage anhält. Nach seinem Entdecker wird ein solches Ereignis »Forbush-Ereignis« genannt. Es kommt, in unterschiedlicher Stärke, relativ häufig vor und ist messtechnisch leicht festzustellen. Um klimawirksam zu sein, sind Forbush-Ereignisse aber viel zu kurz. Doch die vom Svensmark-Effekt geforderte Folge, dass bei weniger kosmischer Strahlung weniger Wolken da sind, sollte auch kurzzeitig zu beobachten sein. Und genau das ist auch so: Bei großen Forbush-Ereignissen ist die Wolkenbedeckung für einige Tage klar reduziert. Der Svensmark-Effekt scheint zu stimmen.

In /Sven 2016/ wurde das mithilfe einer umfangreichen statistischen Analyse demonstriert. Abb. 12 zeigt die wesentlichen Ergebnisse: Die rote Kurve gibt die kosmische Strahlung an, gemittelt über fünf starke Forbush-Ereignisse, die blaue Kurve die zugehörige Wolkenbedeckung, gemittelt aus drei Datensätzen von Satelliten. Die Kurven passen sehr gut zueinander. Die zeitliche Verschiebung um etwa 5 Tage entspricht der Zeit, die die kleinen Aerosol-Partikel benötigen, um bis zu Kondensationskeimgröße zu wachsen. Hier wird nicht nur der Svensmark-Effekt bestätigt, sondern auch die Richtigkeit der Modellvorstellungen zu Entstehung und Wachstum der kleinen Aerosole.

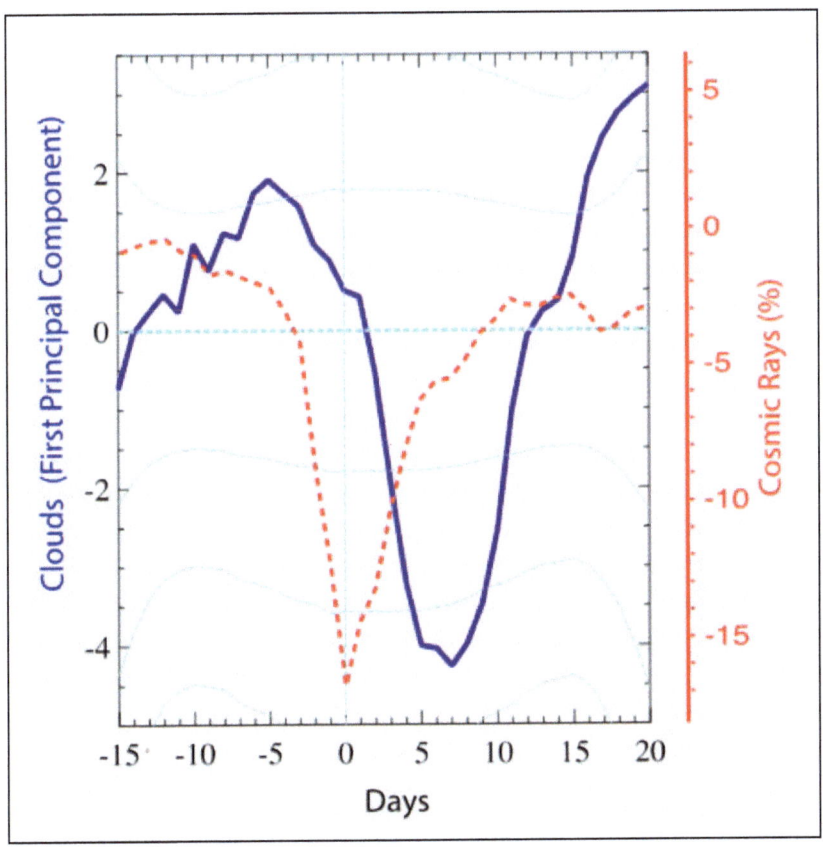

Abb. 12: Gemessene kosmische Strahlung nach 5 großen Sonneneruptionen (Forbush-Ereignisse) und zugehörige Wolkenbedeckung aus Satellitenmessungen. Quelle /Sven 2016/.

Drittens ändert sich die galaktische kosmische Strahlung auch noch aus einem ganz anderen Grund: Ihre Ursache sind ja Supernova-Explosionen. Unser Sonnensystem ist Teil einer großen Spiralgalaxie, bekannt als »Milchstraßensystem«. Die Position des Sonnensystems in dieser Galaxie ist nicht fest, vielmehr verschiebt sie sich in langen Zeiträumen. Etwa alle 150 Millionen Jahre passiert unser Sonnensystem einen Spiralarm der Galaxie. Dann ist es viel näher an aktiven Supernova-Explosionen. Als Folge davon ist die kosmische Strahlung dann viel höher, dazwischen ist sie entsprechend niedriger. Genau zu diesen Zeiten hoher kosmischer Strahlung war es auf der Erde auch immer recht kalt, dazwischen war es deutlich wärmer, ganz so, wie es vom Svensmark-Effekt gefordert wird /Sha 2003/. Abb. 13 zeigt den Verlauf von kosmischer Strahlung (oben) und Temperatur (unten) in den letzten 500 Millionen Jahren. Die Übereinstimmung ist sehr gut, die kosmische Strahlung scheint tatsächlich einen erheblichen Einfluss auf das Klima der Erde zu haben. Je mehr kosmische Strahlung, umso kälter (Wolkenbildung), je weniger, umso wärmer.

Viertens schließlich passen auch das Mittelalterliche Klimaoptimum und die Kleine Eiszeit gut zur rekonstruierten Zahl der Sonnenflecken (ohne Abb.; die jeweilige Zahl der Sonnenflecken ist z. B. aus Eisbohrkernen rekonstruierbar).

Der Svensmark-Effekt scheint daher in allen Zeitskalen und unabhängig von der Ursache der Veränderung der Stärke der kosmischen Strahlung zu stimmen. Auch das ist noch nicht unbedingt ein endgültiger Beweis für den entscheidenden Einfluss der Sonne auf unser Klima, aber doch ein äußerst ernst zu nehmendes Indiz dafür. Das Problem ist nur, dass in der veröffentlichten Meinung niemand das wissen will. Man beruft sich auf die Klimamodelle, die nur einen sehr kleinen Einfluss der Sonne ergeben, und übersieht dabei geflissentlich, dass in den Modellen weiterhin nur die Gesamtstrahlung der Sonne berücksichtigt wird. Die hat natürlich kaum Klimaauswirkungen, weil ihre Änderungen zu schwach sind. Verstärkungsmechanismen, wie man sie beim Treibhauseffekt annimmt, werden der Sonne verweigert. Dass man in der Sache unterschiedlicher Meinung ist, kommt ja oft vor, dass man aber die abweichenden Meinungen einfach nicht zur Kenntnis nehmen will und weiterhin von einem Konsens in der Wissenschaft spricht, kann ich nicht mehr verstehen. Für mich grenzt das sehr an Realitätsverweigerung.

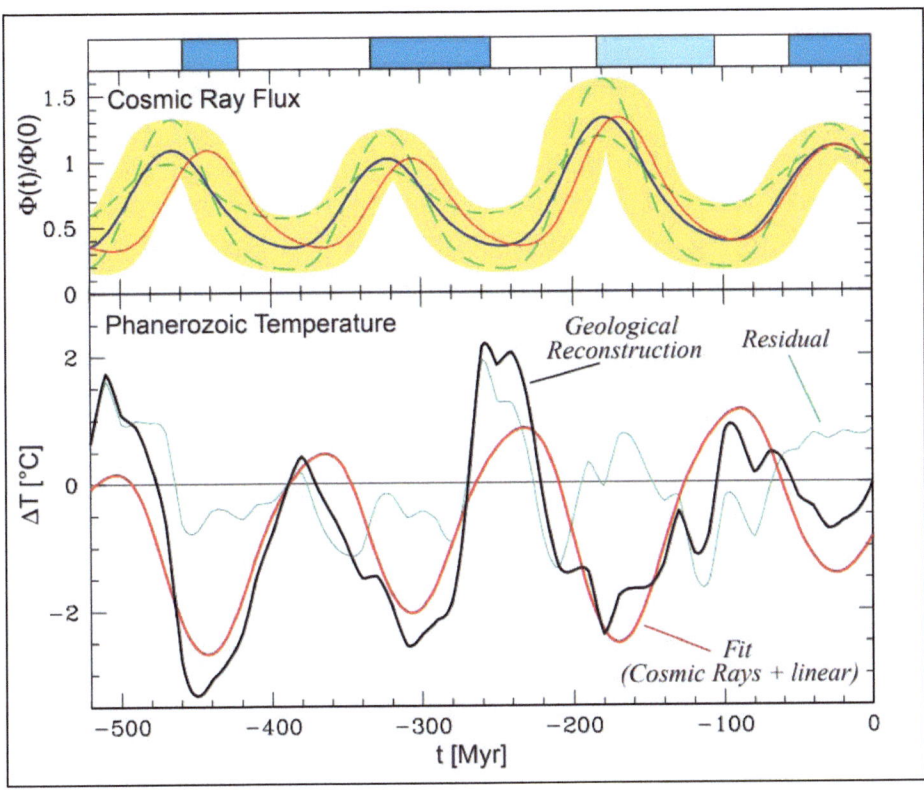

Abb. 13: *Verlauf der kosmischen Strahlung (oben) und Temperatur (unten) auf der Erde in den letzten 500 Millionen Jahren. Die blauen und grünen Kurven oben sind unterschiedliche Rekonstruktionen der kosmischen Strahlung, der gelbe Bereich gibt die Fehlerbandbreite an, die rote Kurve ist eine modellmäßige Feinanpassung der Periodenlänge (auf dieses Modell gehe ich hier nicht näher ein). Die schwarze Kurve unten ist die rekonstruierte Temperatur, die rote Kurve unten zeigt die Temperatur, die mit dem genannten Modell aus der oberen roten Kurve errechnet wurde, die grüne Kurve ist das mit dem Modell nicht erklärte Residuum. Quelle: /Sha 2003/.*

6.3 Zyklische Ozeanströmungen

Es sei nochmals auf Abb. 4 verwiesen, die den stufenweisen Anstieg der Temperaturkurve seit 1850 zeigt. Es gibt jeweils etwa 30 Jahre lange Abschnitte mit relativ steilem Anstieg und dazwischen vergleichbar lange Abschnitte mit flacherem oder gar negativem Anstieg. Das passt gut zu zyklischen

Schwankungen der Ozeanströmungen. Die beiden wichtigsten sind die »Atlantische Multidekaden-Oszillation« (AMO) im Atlantik und die »Pazifische Dekaden-Oszillation« (PDO) im Pazifik. Beide werden vermutlich durch natürliche Schwankungen im Klimasystem der Erde angetrieben, Genaueres hierzu wissen wir nicht. Es werden auch externe Anregungen durch Exzentrizitäten der Umlaufbahnen der Riesenplanten Jupiter und Saturn diskutiert, z. B. in /Sca 2012/. Beide Oszillationen äußern sich in deutlichen gegenläufigen Veränderungen von Meerwassertemperaturen, Niederschlagsmengen (einschließlich Monsunregen) und einigen anderen Wettergrößen quer über die Ozeane. Das Wirken dieser Oszillationen ist in der Landwirtschaft klar zu erkennen.

Wieweit sie neben gegenläufigen Effekten in verschiedenen Regionen der Erde auch insgesamt eine erwärmende bzw. abkühlende Wirkung haben, ist umstritten, wird aber vielfach angenommen. Wenn ja, können sie auch die Stufen im Verlauf der Erwärmung seit 1850 verursacht bzw. zu diesen beigetragen haben. Die Zykluslängen passen jedenfalls zusammen. Auch die Abflachung der Erwärmung ab etwa 2000 passt gut zum Wechsel der beiden Oszillationen aus der erwärmenden in die abkühlende Phase, auch wenn diese Erklärung umstritten ist. Außerdem legt dieser Wechsel nahe, dass ein nicht vernachlässigbarer Teil der Erwärmung 1975 bis 2000 auf die erwärmende Phase dieser beiden ozeanischen Schwingungen zurückzuführen ist und nur mehr der Rest vom CO_2 verursacht worden sein kann (und natürlich auch von der Sonne). Dass auch das umstritten ist, muss ich wohl nicht mehr dazusagen. Es gibt eben auch hier keinen Konsens der Wissenschaft.

6.4   Zwischenergebnis »Andere Ursachen«

Der von der »etablierten Klimawissenschaft« vorgenommene Ausschluss anderer Ursachen, weil »nur mit dem CO_2 als Hauptverursacher die Klimaänderungen erklärbar« wären, ist auf Basis der Logik zurückzuweisen. Andere Ursachen können sehr wohl maßgeblich am Klimageschehen beteiligt sein. Sowohl bei der Sonne als auch bei Ozeanströmungen gibt es sogar gute Gründe, warum diese wesentliche Treiber bei den beobachteten Klimaveränderungen gewesen sein können und bei zukünftigen Klimaänderungen sein werden. Da insbesondere bei der Sonne zurzeit erhebliche Änderungen ihrer Aktivität beobachtet werden, bestehen gute Chancen, in einigen Jahren mehr über ihren Einfluss auf das Klima sagen zu können. Die hierfür erforderlichen Abklärungen sollten wir ergebnisoffenen und mit großem Nachdruck voranbringen.

7 Gegenmaßnahmen

Ungeachtet aller offenen Fragen wurden in vielen Ländern konkrete Maßnahmen zum Klimaschutz beschlossen. In Deutschland ist das insbesondere
die Energiewende. Mit ihr als zentralem Instrument sollen nicht nur die Verpflichtungen aus dem Pariser Klima-Abkommen erfüllt werden, sondern
auch die darüber hinausgehende Selbstverpflichtung Deutschlands. Diese
sieht bis zum Jahr 2020 eine Reduzierung der CO_2-Freisetzungen um 40 %
gegenüber dem Jahr 1990 vor, bis 2030 um 55 % und bis 2050 um 80–95 %.

Nachfolgend will ich der Frage nachgehen, ob bzw. unter welchen Umstän-
den so starke Reduzierungen überhaupt möglich sind, unabhängig von den
bisher geäußerten Zweifeln an ihrer Notwendigkeit. Die Überlegungen gelten für andere Länder und deren Verpflichtungen bzw. Absichtserklärungen
ähnlich.

7.1 Energiewende und EU-Zertifikatesystem

7.1.1 Beschreibung Energiewende

Erklärtes Ziel der deutschen Politik ist es, zum Klimaschutz die Stromerzeugung in Wind- und Solarkraftwerken kräftig auszubauen. Die Energiewende
enthält auch Förderungen von Biomassenutzung, Wasserkraftwerken und
anderen Erneuerbaren Energien, auf die will aber hier nicht weiter eingehen.
Der Schwerpunkt liegt eindeutig bei Wind und Sonne von und diesen beiden
wird zukünftig der entscheidende Beitrag erwartet.

Die Politik glaubt, das Risiko, sich am Markt bewähren zu müssen, den In-
vestoren in Wind- und Solarkraftwerke nicht zumuten zu können. Andererseits will sie die erforderlichen Förderungen aber auch nicht aus dem Staats-
haushalt finanzieren. Sie hat daher beschlossen, die Kosten und die Risiken
weitgehend auf die Verbraucher umzuwälzen.

Zunächst einmal garantiert die Politik den Erzeugern von Wind- und Solarstrom 20 Jahre lang eine feste und weit über dem Marktpreis liegende

Einspeisevergütung. Dann verpflichtet sie die Netzbetreiber, Strom aus Wind- und Solarkraftwerken vorrangig in ihrem Netz aufzunehmen (»Einspeisevorrang«). Die Kosten dürfen die Netzbetreiber auf die Verbraucher umwälzen. Nur wenn eine Einspeisung rein sachlich gar nicht geht oder z. B. aus Gründen der Netzstabilität zu risikoreich wäre, nur dann dürfen die Netzbetreiber diese ablehnen und Wind- und Solarkraftwerke werden abgeschaltet. Die Erzeuger bekommen den nicht erzeugten Strom (jedenfalls zum größten Teil) aber trotzdem vergütet. Die Politik verpflichtet die Verbraucher, alle Kosten für diese Maßnahmen zu tragen. Die Regelungen wurden zwar in den letzten Jahren durch Änderungen im Erneuerbare-Energien-Gesetz etwas abgeschwächt /EEG 2017/, aber doch weitgehend beibehalten. Die Politik will eben unverändert weiter, dass neue Wind- und Solarkraftwerke gebaut werden. Das fördert sie auch prinzipiell mit den gleichen Mitteln weiter.

7.1.2 Beschreibung Zertifikatesystem

Die EU als großer Wirtschaftsraum hat beschlossen, in ihrem Bereich den Klimaschutz über ein System handelbarer Zertifikate voranzubringen: Wer CO_2 freisetzen will, benötigt hierzu ausreichend viele Zertifikate. Hat er zu wenige, muss er sich am Markt zusätzliche kaufen, hat er zu viele, kann er sie am Markt verkaufen. Die Zertifikate werden von der EU nach einem bestimmten Schlüssel an die Mitgliedsländer vergeben. Ihre (jährlich abnehmende) Gesamtzahl legt eine (sinkende) Obergrenze für die CO_2-Freisetzungen in der Union fest, mehr Freisetzungen gibt es nicht. Das ist der Klimaschutz der EU. Der Handel mit den Zertifikaten selbst hat keine klimaschützende Funktion. Mit ihm soll nur der wirtschaftlichste Weg zum Einhalten der Obergrenze ausgewählt werden.

7.1.3 Ungewollte Nebenwirkungen

Natürlich gibt es durch den eingeschränkten Geltungsbereich der EU-Regelung Schlupflöcher in Form des Ausweichens auf Drittländer. Wenn man davon aber einmal absieht, ist das Zertifikatesystem ein zuverlässiges System (feste Obergrenze!) und durch das Abstützen auf Marktmechanismen auch ein wirtschaftlich relativ effektives System. Es hat aber auch seine Nebenwirkungen: Zusätzliche Reduktions-Maßnahmen in den einzelnen Ländern (oder auch in den einzelnen Betrieben) sind unvermeidbar wirkungslos! Sofern sie tatsächlich zunächst Erfolg haben, werden mit der reduzierten CO_2-Freisetzung auch entsprechend viele Zertifikate frei. Diese kommen auf den Markt (sie haben ja einen Wert!), werden dort verkauft und der Käufer setzt dann exakt die gleiche Menge CO_2 frei (dafür hat er die Zertifikate ja gekauft), nur nun eben an anderer Stelle. Dem Klima ist diese örtliche Verlagerung egal.

Das gilt auch für die Energiewende: Jede t CO_2, die Deutschland ggf. infolge dieser Energiewende weniger frei setzt, wird von einem anderen Land (in dem der Käufer der Zertifikate sitzt) freigesetzt. Für das Klima ist das ein Nullsummenspiel. Die Energiewende kostet viel Geld (darauf komme ich weiter unten nochmals zurück), kann dem Klima aber prinzipiell nicht helfen! Solange es das EU-Zertifikatesystem gibt, führen Maßnahmen wie die Energiewende nur zu einer örtlichen Verlagerung der Freisetzungen von CO_2, nicht aber zu einer Reduzierung!

Das ist tausend Mal gesagt worden. Die Politik traut sich aber offensichtlich nicht zuzugeben, mit ihrem liebsten Kind und Aushängeschild »Energiewende« als Parallelinstrument zum Zertifikatesystem einen Fehlgriff gemacht zu haben. Stattdessen wird argumentiert, wenn man nur die Zahl der Zertifikate reduzierte, dann würde das Ganze schon wieder funktionieren. Dann würde der Preis für die Zertifikate steigen und es würde sich lohnen, in CO_2-freie Techniken zu investieren. Dann wäre auch die Energiewende erfolgreich.

Aber so funktioniert das nicht. Der Mechanismus lässt sich nicht so einfach aushebeln. Nehmen wir einmal an, das Unternehmen X möchte in die Stromversorgung investieren. Braunkohle wäre am billigsten. Wenn die CO_2-Zertifikate aber zu viel kosten, baut das Unternehmen stattdessen Solarkraftwerke (nur als Beispiel, Probleme wie unterschiedliche Verfügbarkeiten etc. lassen wir hier unberücksichtigt). Das Unternehmen X investiert also in CO_2-freie Techniken und benötigt keine Zertifikate. Genau das wird ja angestrebt. Diese Zertifikate hängt sich das Unternehmen aber nicht, schön eingerahmt, im Vorstandsbüro an die Wand. Die Zertifikate haben ja einen Wert und werden verkauft. Die entsprechende CO_2-Menge wird dann vom Käufer freigesetzt. Die viel gerühmte Investition in CO_2-freie Technik bewirkt nur eine Verlagerung der Freisetzung an einen anderen Ort!

Was aber ist, könnte man noch nachfragen, wenn niemand die Zertifikate haben will? Nun, dann verfällt der Preis und das Unternehmen X kann wieder das Kohlekraftwerk bauen! Mit Zertifikatesystem ist nur die Gesamtzahl der Zertifikate entscheidend. Alle anderen Steuerungsmechanismen führen nur zu Mehrkosten, können aber keine Klimawirksamkeit entfalten! Das ist kein Naturgesetz, weil das Zertifikatesystem nur eine von Menschen geschaffene Reglung ist, aber innerhalb dieser Regelung ist es logisch zwingend.

Dieses Nullsummenspiel funktioniert völlig unabhängig davon, warum das Unternehmen X die Reduktion der CO_2-Freisetzung durchführt. Also unabhängig davon, warum das Unternehmen X statt der eigentlich favorisierten, aber CO_2-intensiven Variante jetzt eine CO_2-günstigere Variante baut: Es funktioniert, wenn ein solches Verhalten dem Unternehmen X direkt vorgeschrieben wird (Beispiele: Verbot des Neubaus von Kohlekraftwerken oder Quotenregelung für Wind- und Solarenergie), es funktioniert, wenn die alternative Technik durch Subventionen billiger wird (Beispiel: Einspeisevergütung) und es funktioniert, wenn die CO_2-intensive Technik künstlich verteuert wird (Beispiel: Sondersteuer auf CO_2-Freisetzung: »CO_2-Steuer«). Klimawirksam ist immer nur die Gesamtzahl der Zertifikate! Eine Verteuerung der Zertifikate ändert nur, wer sie ausnutzt, aber ausgenutzt werden sie immer.

Eigentlich ist es sogar noch schlimmer: Je teurer die Zertifikate sind, desto zuverlässiger werden sie auch ausgenutzt! Erst wenn der Preis für die Zertifikate so weit verfällt, dass sie praktisch nichts mehr wert sind, erst dann werden vielleicht einige unausgenutzt liegen gelassen. Erst dann können Investitionen in CO_2-freie Techniken tatsächlich zu einer Reduzierung der (gesamten) CO_2-Freisetzungen führen. Vorher gibt es immer Kompensationen. Was hier eingespart wird, wird dort freigesetzt. Investitionen in CO_2-freie Techniken sind erfolgreich, wenn sie im tatsächlich freien Spiel der Kräfte sinnvoll sind. Solange sie nur durch irgendwelche Regularien zustande kommen, z. B. durch Vorschriften, durch Subventionen oder durch künstlich hochgehaltene Zertifikatepreise, wird ihre CO_2-Einsparung am Ort A als Folge des Zertifikatesystems durch Freisetzungen am Ort B kompensiert.

Dass eigentliche Problem scheint mir darin zu liegen, dass Politiker sich durch immer neue, kreativere und schärfere Klimaschutzforderungen persönlich profilieren bzw. Wählerstimmen gewinnen wollen. Dass diese Forderungen infolge Zertifikatesystem zwangsweise wirkungslos sind, verdrängen sie, weil sie sonst entsprechende persönliche Profilierungsmöglichkeiten verlieren würden. Also fordern sie immer weiter, auch wenn das nach den gesetzten Spielregeln nichts bringen kann. Ob man Klimaschutz tatsächlich braucht, spielt dabei erst recht keine Rolle. Obwohl eigentlich das die entscheidende Frage sein sollte!

7.1.4 Braunkohle-Ausstieg

Der geschilderte Mechanismus der Umwandlung eines Erfolges in eine lediglich räumliche Verlagerung gilt für alle Sondermaßnahmen zur CO_2-Reduzierung, die parallel zum Zertifikatesystem durchgeführt werden oder werden sollen. Er gilt insbesondere auch bei dem in Deutschland angestrebten Ausstieg aus der Braunkohle: Wenn der Ausstieg tatsächlich gelingt, werden dadurch CO_2-Zertifikate frei und auf die freuen sich schon potenzielle Käufer! Das alles ist nichts als sinnlose Geldverschwendung und Arbeitsplatzvernichtung.

Gebrochen werden kann dieser Automatismus nur, indem man ihn per Gesetz außer Kraft setzt: Man muss entweder das Zertifikatesystem überhaupt aufgeben, oder man muss die Zertifikate, die durch die beschlossene Maßnahme (Braunkohleausstieg, oder was auch immer) frei werden, vom Markt nehmen. Das ist dann gleichbedeutend mit einer Reduzierung der Gesamtzahl der Zertifikate. Es ist dann diese neue Obergrenze und nur die, die hinsichtlich des Klimas wirkt – wenn das überhaupt von den Treibhausgasen entscheidend beeinflusst wird. Aber auch dann wäre es vernünftiger, direkt die Zahl der Zertifikate zu reduzieren und es dem Markt zu überlassen, mit welchen Maßnahmen die neue Vorgabe am effektivsten erreicht wird. Vorzuschreiben, dass das via Braunkohleausstieg geschehen muss, um bei diesem Beispiel zu bleiben, erhöht nur die Kosten. Es ist Planwirtschaft und die war jedenfalls bisher immer der Marktwirtschaft unterlegen.

7.1.5 Einordnung und Schlussfolgerung

Viele der in diesem Buch angesprochenen Punkte haben sich als wissenschaftlich offene Fragen erwiesen. Z. B. sind noch erhebliche Forschungsanstrengungen erforderlich, um die Klimawirksamkeit des CO_2 ausreichend genau angeben zu können. Bei anderen Punkten sind immerhin wichtige Teilantworten gesichert möglich. So ist etwa die Verweilzeit des CO_2 in der Atmosphäre auf keinen Fall so lang, dass sich daraus ein endliches CO_2-Budget zur Einhaltung eines bestimmten Klimaziels ableiten lässt. Wie lange diese Verweilzeit aber wirklich ist, muss noch weiter untersucht werden. Bei anderen Punkten wieder stehen erst einmal ethische Entscheidungen an: Z. B. besteht noch kein Konsens darüber, ob nicht-klimatische Wirkungen des CO_2 gegen die klimatischen Wirkungen aufgerechnet werden müssen. Ich meine ja, aber dann muss noch sachlich geklärt werden, wie groß diese Wirkungen real sind. Letztlich sind das alles offene Fragen.

Bei der Energiewende ist das anders. Deren Unwirksamkeit und damit Sinnlosigkeit bei parallel dazu geltendem Zertifikatesystem ist weder eine sachlich offene noch eine ethisch zu bewertende Frage. Sie ist vielmehr eine logisch zwingende Folge aus den geltenden Regularien. Hier gibt es nichts mehr zu bewerten oder zu untersuchen. Alle Fakten liegen auf dem Tisch, sie müssen nur zur Kenntnis genommen werden. Deutschland und die EU müssen sich entscheiden, was sie aufgeben (oder zumindest grundlegend ändern) wollen: Das Zertifikatesystem oder die Energiewende (sowie alle anderen Sonderregelungen, siehe oben)? Wacht auf und seht den Tatsachen endlich ins Auge!, möchte man den Politkern zurufen. Jeder Tag Verzögerung kostet Geld und bringt uns dem Ziel um nichts näher!

7.2 Energiewende und der Umstieg auf Erneuerbare Energien

7.2.1 Das Speicherproblem

Aber das Zertifikatesystem ist nicht das einzige Problem der Energiewende. Deren Kern ist, wie gesagt, der beschleunigte Ausbau von Wind- und Solarkraftwerken. Diese erzeugen ihren Strom jedoch nicht dem Bedarf entsprechend, sondern je nach Wetter. Zum Vermeiden von Netzzusammenbrüchen müssen Stromerzeugung und Stromverbrauch aber stets ausgeglichen sein. Das geht bei wetterabhängiger Erzeugung nur, wenn ausreichend große Speicher vorhanden sind, um bei Übererzeugung Strom einspeichern und bei Untererzeugung Strom aus dem Speicher abrufen zu können. Benötigt werden Speicher für den Kurzzeitausgleich (das geht noch relativ leicht), für den jahreszeitlichen Ausgleich (das wird schon nicht mehr so leicht gelingen) und zum Abdecken ggf. längerer Zeiten mit wenig Wind und wenig Sonne (»Dunkelflauten«, das wird ganz schwer werden). Diese Speicher sind das nächste große Problem der Energiewende, ihnen wollen wir uns jetzt zuwenden.

Pumpspeicherung ist die einzige, heute großtechnisch verfügbare Art der Stromspeicherung. Auch Deutschland bedient sich ihrer. Wenn die Stromversorgung Deutschlands weitgehend aus Wind und Sonne bewerkstelligt werden soll, wird hierfür eine Speicherkapazität benötigt, die mehr als 500(!) Mal so groß ist, wie die aller derzeit in Deutschland vorhandenen Pumpspeicherkraftwerke zusammen. Das erscheint extrem hoch, lässt sich aber relativ leicht überprüfen: Der deutsche Stromverbrauch liegt bei etwa 600 TWh pro Jahr (Terawattstunden, 1 TWh = 1 Mrd. kWh), pro Tag sind das grob gerechnet 2 TWh. Unterstellt man eine Dunkelflaute von 10 Tagen, die aus dem Speicher gedeckt werden muss (genügt das, angesichts der Launen des Wetters und der möglichen Folgen eines länger anhaltenden Blackouts?), sind das 20 TWh Speicherbedarf. Hinzu kommt noch der Speicherbedarf zum Ausgleich der jahreszeitlich unterschiedlichen Verfügbarkeit von Wind und Sonne. Nach /Sinn 2017/ beträgt der etwa 7 TWh. Dieser Speicherbedarf kommt hinzu, weil die Dunkelflaute prinzipiell zu jeder Zeit passieren kann, der Speicher hierfür also stets voll vorgehalten werden muss. Der Gesamtspeicherbedarf beträgt also ca. 27 TWh. In Deutschland gibt es zurzeit 35 Pumpspeicherkraftwerke mit einer gesamten Speicherkapazität von 0,04 TWh. Rechnerisch müsste diese Kapazität um den Faktor 27 / 0,04 = 675 erhöht werden!

Man müsste also zu den 35 vorhandenen nochmals 35 × 675 = 23625 »durchschnittliche« Pumpspeicherkraftwerke neu bauen. Das ist völlig unrealistisch. Selbst wenn der Widerstand der Bevölkerung überwunden und die Kosten aufgebracht werden könnten, scheitert es unvermeidlich an der dafür erforderlichen, aber nicht vorhandenen Gebirgslandschaft.

Dabei war das bisher nur der Stromsektor, der nur ca. 20 % des deutschen Endenergieverbrauches ausmacht. Will man auch den »Rest« weitgehend aus den unsteten Quellen Wind und Sonne decken, erhöht sich der Speicherbedarf nochmals gewaltig. Auf genaue Zahlenangaben kann ich wohl verzichten (aber in Kapitel 7.3 werde ich nochmals auf diese Ausdehnung der Energiewende zurückkommen).

Aber weil das Speicherproblem so wichtig ist, noch ein paar ergänzende Anmerkungen: Prinzipiell ist die Speicherung von Strom in drei verschiedenen Formen möglich: direkt als Strom, in physikalischer Form und in chemischer Form.

- Direkt: Die direkte Speicherung von Strom ist heute nur in sehr kleinen Einheiten in Form von Kondensatoren oder supraleitenden Spulen möglich. Eine Ausweitung auf die erforderlichen Kapazitäten ist zwar theoretisch möglich, zeichnet sich technisch aber nicht ab. Und wenn, dann wären die Kosten aller Voraussicht nach prohibitiv hoch.

- Physikalisch: Das ist z. B. die Pumpspeicherung. Bei ihr wird der Strom als potenzielle Energie des Wassers gespeichert. Die Verluste sind dabei relativ klein, weil sowohl Pumpen als auch Turbinen mit hohem Wirkungsgrad arbeiten. Aber in der erforderlichen Menge ist Pumpspeicherung, wie gerade gezeigt, in außeralpinen Ländern im erforderlichen Umfang schlichtweg nicht realisierbar. Andere physikalische Speicher – z. B. Schwungmasse – scheitern ebenfalls an den enormen Energiemengen, die zu speichern wären. Eine erfolgreiche physikalische Speicherung ist nicht absehbar.

- Chemisch: Speicherung mit Batterien wäre zwar prinzipiell möglich, scheitert im erforderlichen Umfang jedoch an der begrenzten Verfügbarkeit knapper Rohstoffe zur Herstellung der Batterien und an den hohen Kosten. Ein Rechenbeispiel werde ich weiter unten nachtragen.
  Aber chemische Zwischenspeicherung ist auch auf vielen anderen Wegen möglich. Dabei ist allerdings zu berücksichtigen, dass jeder Umwandlungsschritt nicht nur Kosten verursacht, sondern prinzipiell unvermeidbar auch Verluste infolge begrenzter Wirkungsgrade mit sich bringt. Beim oft favorisierten Power-To-Gas-Verfahren z. B. gleich mehrfach: Bei der Erzeugung von Wasserstoff per Elektrolyse, bei der Umwandlung des Wasserstoffs in das technisch besser handhabbare Zwischenspeicherme-

dium Methan und bei der anschließenden Rückumwandlung des Methans mittels Gasturbinen (oder womit auch immer) in Strom. Die Verluste kennt noch niemand genau, sie dürften aber rund 75 % betragen. Schon diese Verluste machen diesen Weg sehr teuer und in der Energiebilanz äußerst problematisch.

Noch wichtiger ist m. E. aber ein grundsätzliches Problem jeglicher chemischen Speicherung: Das Zwischenspeichermedium kann stets auch aus anderen Quellen gewonnen werden. Beim Power-To-Gas-Verfahren z. B. kann statt des per Elektrolyse und Methanisierung gewonnenen Methans auch Erdgas eingespeichert werden, das chemisch gesehen nichts Anderes ist als Methan. Und dieses Erdgas ist auf absehbare Zeit viel billiger. Ein leerer Speicher wird daher wohl stets eher mit Erdgas aufgefüllt werden. Es ist nur schwer vorstellbar, dass der Kreislauf Strom – Methan – Strom jemals im großen Stil zum Tragen kommt. Bei anderen Formen chemischer Zwischenspeicherung ist es prinzipiell ähnlich. Chemische Speicherung von Strom ist für großmaßstäbliche Anwendung wahrscheinlich immer prohibitiv teuer, weil das Speichermedium vermutlich immer anderweitig billiger beschafft werden kann.

Wenn man genauer hinsieht, ist das Speicherproblem viel schwieriger als allgemein angenommen.

Eine Variante möchte ich aber doch noch etwas detaillierter diskutieren, weil die in der Öffentlichkeit immer wieder vorgebracht wird: Es wird gesagt, mit genügend Elektro-Autos könnten deren Batterien gewissermaßen als »willkommene Nebenwirkung« das Speicherproblem einfach gleich mit lösen. Nicht zuletzt deshalb sollen wir ja die E-Mobilität fördern. Schauen wir uns das an, ich kann damit auch gleich das angekündigte Rechenbeispiel für Batterien nachliefern: Nehmen wir einen Tesla. Das Spitzenmodell S P 100D hat eine Batteriekapazität von 100 kWh. Für die in Deutschland erforderlichen 27 TWh Speicherkapazität (nur Stromsektor!) bräuchte man rund 270 Millionen solcher Autos! Bei Anschaffungskosten von ca. 150000 Euro pro Stück ergeben sich Gesamtkosten in Höhe von 40000 Milliarden Euro für diese »Speichervariante«! Sicher gibt es auch billigere E-Autos, allerdings mit kleineren Batterien und daher bräuchte man mehr davon. Vermutlich wird es in Summe etwas billiger, sehr teuer bleibt es aber auf jeden Fall.

Doch Geld ist nur das Eine. Etwa ein Viertel der Autos (7 von insgesamt 27 TWh Speicherkapazität) muss die Energie vom Sommer in den Winter übertragen. Die Autos müssen also im Sommer aufgeladen werden und im Winter die eingespeicherte Energie ans Netz abgeben. Wann dürfen sie überhaupt gefahren werden? Und die anderen drei Viertel der Autos (20 TWh Speicherkapazität) müssen überhaupt mit voller Batterie herumstehen, für den Fall, dass die Dunkelflaute ausbricht. Und wenn sie ausbricht, dürfen diese Autos erst recht nicht gefahren werden, weil ihre Energie ja benötigt wird und sie mit dem Netz in Verbindung bleiben müssen, bis das Wetter sich wieder geändert hat. E-Autos lösen das Speicherproblem: Willkommen im Wolkenkuckucksheim.

Dann gibt es natürlich noch den Bedarf zum kurzfristigen Ausgleich von Spitzen und Tälern am Tag und in der Nacht. Können E-Autos wenigstens das leisten? Prinzipiell ja, hier ist nicht so sehr die Speicherkapazität gefragt als vor allem schnelle Leistungsregelung. Das können Autobatterien. Etwa eine Million E-Autos wären hierfür erforderlich, mit Infrastruktur zum Laden und Entladen. Kosten siehe oben. Aber bei den E-Autos sind die Batterien ein ganz entscheidender Kostenfaktor. Deren Lebensdauer wird vor allem durch häufige Ladezyklen verkürzt. Als Speicher für das Netz müssen sie mehr oder weniger täglich auf- und entladen werden, im normalen Fahrbetrieb vielleicht nur einmal wöchentlich. Wer bezahlt den erhöhten Verschleiß? Welcher Autobesitzer ist überhaupt bereit, die Eigennutzung seines Autos als Fahrzeug hinter Anforderungen zur Nutzung als netzgekoppelten(!) Speicher zurückzustellen? Selbst als Kurzzeitspeicher sind E-Autos problematisch, als Langzeitspeicher sind sie auf jeden Fall völlig ungeeignet.

Aber wenn wir schon bei E-Autos sind, ist noch eine Anmerkung erforderlich: Es stimmt, dass diese im Gebrauch kein CO_2 ausstoßen. Aber CO_2-neutral sind sie deshalb noch lange nicht! Für die Herstellung der Autos und Batterien und für das Laden der Batterien wird vielmehr eine erhebliche Menge an Energie und insbesondere auch an Strom gebraucht (vom Verbrauch anderer Ressourcen einmal abgesehen) und das geht auf absehbare Zeit nicht ohne beträchtliche CO_2-Freisetzungen. In /Buch 2019/ z. B. wird sogar ein höherer Gesamt-CO_2-Ausstoß von E-Autos gegenüber Dieselautos errechnet. Das ist – wenig überraschend – heftig umstritten, aber nicht so leicht zu entkräften. Doch wie auch immer dieser Streit ausgeht, ob ein bisschen mehr oder ein bisschen weniger ist nicht gar so wichtig, CO_2-frei sind E-Autos auf keinen Fall. Für die PKW-Flottenbewertung wird ihre CO_2-Freisetzung aber mit Null angenommen, das ist prinzipiell und gravierend falsch! (Zusatzbemerkung: Es ist auch dann falsch, wenn die Batterieherstellung in China erfolgt!). Auch bei der E-Mobilität scheint die Politik noch einen erheblichen Lernbedarf zu haben.

Damit zurück zum Speicherproblem selbst: Welche Speichervariante auch immer man betrachtet, eine befriedigende Lösung ist nicht in Sicht. Alles andere ist Wunschdenken. Die Energiewende wird aller Voraussicht nach am Speicherproblem scheitern, wenn sie nicht schon vorher aufgrund ihrer hohen Kosten oder anderer Probleme zum Erliegen kommt. Das gilt unabhängig davon, wie viel die Energiewende dem Klima theoretisch helfen könnte oder nicht. Praktisch kann sie ohnehin nicht viel helfen, weil sie sehr bald an Grenzen ihrer Möglichkeiten stößt (Kapitel 7.2.2).

Auch das Speicherproblem ist ein Paradebeispiel dafür, dass es in der Wissenschaft keinen Konsens gibt. Stimmt nicht, es gibt einen: Ohne Speicher geht die Energiewende nicht. Das wird allgemein anerkannt. Nur ob geeignete Speicher in der zur Verfügung stehenden Zeit realisierbar sind, darüber gibt es keinen Konsens, das wird kontrovers gesehen. Die Gründe für die Zweifel vieler Experten an einer Realisierbarkeit habe ich gerade dargelegt.

7.2.2 Grenzen

In Deutschland werden derzeit gut 35 % des Stroms aus Erneuerbaren Energien erzeugt. Dass damit langsam eine Grenze erreicht wird, erkennt man nicht zuletzt an der starken Zunahme »negativer Strompreise«: Bei »guten Wetterbedingungen« wird (jetzt schon) so viel Strom erzeugt, dass niemand ihn haben will, auch geschenkt nicht. Um ihn trotzdem loszuwerden (Gleichgewicht zum Verbrauch!), kann man ihn nur gegen Geld im Ausland entsorgen (dort werden dann andere Kraftwerke zurückgefahren, in Deutschland sind die Möglichkeiten hierzu bereits weitgehend ausgeschöpft). In Deutschland sind das dann »negative Strompreise«: Der Strom wird exportiert, aber nicht gegen Geld, sondern Geld wird noch dazu gegeben, damit der Strom überhaupt abgenommen wird! Die Verbraucher müssen dann, den Regularien der Energiewende zufolge, für ein Produkt, das sie nicht haben wollen und auch nie bekommen, sowohl dessen (unnötige) Erzeugung als auch dessen (nur als Folge der unnötigen Erzeugung notwendige) Entsorgung bezahlen! Nach Angabe von EPEX SPOT war das 2017 an 24 Tagen in insgesamt 146 Stunden der Fall, Tendenz stark steigend.

Nur wenn die Einspeisung rein sachlich gar nicht geht oder ein zu hohes Risiko mit sich bringt, entfällt die Abnahmepflicht der Netzbetreiber (Einspeisevorrang) und Wind- und Solarkraftwerke werden abgeschaltet. Die Verbraucher müssen aber den dann nicht erzeugten (und ihnen natürlich auch nicht zugestellten) Strom trotzdem bezahlen (oder mindestens 90 Prozent davon)! Im Jahre 2017 war das für insgesamt 5518 GWh Strom der Fall, /Enk 2018/, Tendenz stark steigend.

Die Politik will trotzdem neue Wind- und Solarkraftwerke bauen. Diese neuen Kraftwerke werden bei guten Wetterbedingungen ebenfalls am Markt vorbei produzieren oder abgeschaltet werden und die Verbraucher werden weiter den Großteil aller Kosten und Risiken tragen müssen. Wie lange werden sie dazu noch bereit sein?

Bei »guten Wetterbedingungen« schaut die Stromerzeugung aus Wind und Sonne also gar nicht gut aus. Da haben wir jetzt schon zu viel und bei einem weiteren Ausbau wird das noch ärger werden. Wie ist das bei »schlechten Wetterbedingungen«? Kurz gesagt: Noch schlechter. Da haben wir jetzt praktisch keinen Strom aus Wind und Sonne und das wird auch bei einem weiteren Ausbau dieser Kraftwerke so bleiben! Mehr dazu in Kapitel 7.2.3.

Und bei »mittleren Bedingungen«? Da müssen die konventionellen Kraftwerke oft mithelfen. Im ausgeprägt windarmen Sommer 2018 z. B. war das besonders häufig der Fall. Generell müssen sie so häufig eingesetzt werden, dass die CO_2-Reduktion auch bei zusätzlichem Ausbau von Wind- und Solarkraftwerken sehr begrenzt bleiben wird. Auch hierzu mehr in Kapitel 7.2.3.

Hier sei aber noch auf das oft zu hörende Argument eingegangen, das Problem ließe sich durch länderübergreifenden Ausgleich beseitigen, irgendwo in Europa würde der Wind immer wehen. Aber nach /VGB 2018/ stimmt das ganz einfach nicht. Wetterlagen sind häufig in großen Teilen Europas gleich, wenn in Deutschland kein Wind weht, dann meist auch in den Nachbarländern nicht. Dabei spielt es keine Rolle, um wie viel dieses »kein Wind« in Europa seltener ist als in Deutschland alleine, sowie es überhaupt vorkommt, brauchen wir die volle Ersatzleistung und können kein einziges konventionelles Kraftwerk einsparen!

Es bleibt also dabei, ohne ausreichende Speicher ist eine sichere Stromversorgung aus weitgehend wetterabhängiger Erzeugung prinzipiell nicht möglich! Sowohl für die Stromerzeugung als auch für die CO_2-Einsparung sind enge Grenzen gesetzt. Es wäre gut, wenn wir das rechtzeitig zur Kenntnis nähmen und nicht erst aus einem großen Blackout schmerzhaft lernten (Näheres in Kapitel 7.2.4).

7.2.3 Netzbetrieb und Ausbau

Die Frequenz im Netz muss immer sehr präzise bei 50 Hz sein. Selbst relativ kleine Abweichungen führen bei empfindlichen Verbrauchern zu erheblichen Schäden und bei nur geringfügig größeren Abweichungen wird das Netz instabil und bricht zusammen. Um diese 50 Hz einzuhalten, müssen Erzeugung und Verbrauch immer exakt übereinstimmen. Bei zu viel Erzeugung steigt die Frequenz, bei zu wenig sinkt sie. In beiden Fällen müssen Kraftwerke entsprechend nachgeregelt werden. Dazu eignen sich die unterschiedlichen Kraftwerke unterschiedlich gut. Innerhalb gewisser Grenzen ist es auch möglich, Verbraucher zu- oder abzuschalten. In Notfällen bleibt manchmal sogar nur das übrig, um einen Netzzusammenbruch vielleicht doch noch verhindern zu können.

Bei einer plötzlichen Störung der 50 Hz, wodurch auch immer ausgelöst, ist die erste Auffangstufe zur Stabilisierung der 50 Hz und damit des Netzes die Schwungmasse der großen Turbogeneratoren der thermischen Kraftwerke. In der zweiten Stufe müssen Kraftwerke nachgeregelt werden. Mit zunehmendem Anteil von Wind- und Solarstrom im Netz wird das immer schwerer:

- Erstens, weil Windkraftwerke in ihren Rotoren nur vergleichsweise kleine Schwungmassen und PV-Kraftwerke gar keine Schwungmasse haben (sie sind ja Gleichstromerzeuger ohne bewegte Teile). Das Netz wird daher durch den zunehmenden Anteil dieser Kraftwerke immer instabiler und neigt immer mehr zu Schwingungen.

▪ Zweitens, weil Wind- und Solarkraftwerke aufgrund ihrer technischen Ausführung und Wetterabhängigkeit nur sehr eingeschränkt bedarfsgerecht geregelt werden können. Bei ihrem fortschreitenden Ausbau sinkt daher der Anteil der Kraftwerke, die an der Regelung teilnehmen können. Die Regelfähigkeit im Netz wird also kleiner.

▪ Drittens, weil bei mehr Erzeugung in Wind- und Solarkraftwerken die Unterschiede zwischen deren Erzeugungsmaxima und Erzeugungsminima größer und die Übergänge steiler werden. Die regelbaren Kraftwerke müssen daher stärker und schneller rauf und runter geregelt werden, die Anforderungen an die Regelung werden schärfer.

Den immer zappeliger werdenden Strom in einem immer instabiler werdenden Netz mit anteilig immer weniger regelfähigen Kraftwerken auszugleichen, stellt eine immer größer werdende Herausforderung dar.

Abb. 14 zeigt beispielhaft die Leistungsganglinien der Stromversorgung Deutschlands im August 2018. Der obere Rand der braunen Fläche ist der Bedarf (Gesamtverbrauch). Er schwankte zwischen etwa 40000 und 75000 MW. Typischerweise waren die Minima in der Nacht etwa 20000 MW unter den Tagesspitzen, an den Wochenenden war der Bedarf insgesamt tiefer. Blau eingetragen ist die Erzeugung in Windkraftwerken, gelb die in Solarkraftwerken. Insgesamt waren in diesen beiden Kraftwerkstypen knapp über 100000 MW installiert (obere rote Kurve), also weit mehr als der maximale und rund zweieinhalb mal so viel wie der minimale Bedarf. Aber gereicht haben die Wind- und Solarkraftwerke nie. Zusammen haben sie maximal etwas über 40000 MW erzeugt (rund 40 % ihrer installierten Leistung, am 11. 08. 2018), minimal so gut wie gar nichts (29. 08. 2018; ähnlich niedrige Werte gab es mehrfach). Fast an jedem Tag sind die Wind- und Solarkraftwerke zumindest zeitweise unter 10 % ihrer installierten Leistung (10000 MW) geblieben. Die Differenz zwischen der Wind- und Solarstromerzeugung und dem Bedarf (die sogenannte »Residuallast«) musste in anderen Kraftwerken erzeugt werden. Bei wenig Wind und Sonne mussten diese praktisch den

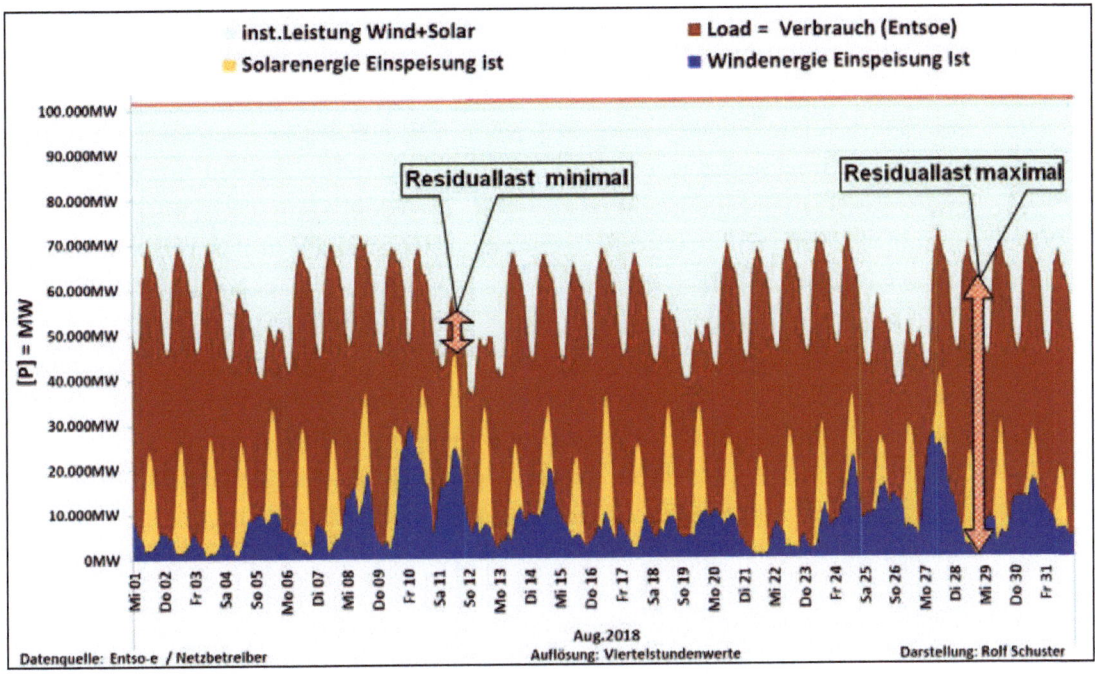

Abb. 14: Leistungsganglinien der Stromerzeugung Deutschlands im August 2018, aggregiert aus den Viertelstundenwerten. Die installierte Leistung in Wind- und Solarkraftwerken betrug 101785 MW (obere rote Kurve). Ihre Erzeugung (blaue und gelbe Flächen) blieb immer weit dahinter zurück. Zu keinem Zeitpunkt konnten sie den Bedarf (oberer Rand der braunen Fläche) decken. Die verbleibende »Residuallast« musste in »anderen Kraftwerken« erzeugt werden. Manchmal war das fast der gesamte Bedarf. Quelle: /Alt 2018/.

gesamten Bedarf alleine decken. In der Abbildung ist diese Erzeugung als braune Fläche wiedergegeben. Deren Schwankungen sind wesentlich größer als die Schwankungen des Bedarfs. Die »anderen Kraftwerke« müssen daher viel stärker rauf und runter geregelt werden, als das ohne Wind- und Solarkraftwerke der Fall wäre. Darüber hinaus müssen diese Kraftwerke auch noch die Frequenz im Netz stabil halten. Die Anforderungen an ihre Regelung sind enorm.

Doch der Ausbau soll weitergehen. Abb. 15 zeigt beispeihaft das Resultat, wenn Wind und Sonne auf die 3-fache Stromerzeugung ausgebaut werden. Hierzu wurden die Wind- und Solarkurven der Abb. 14 fiktiv um den Faktor

3 hochgerechnet und alles Andere gleich gelassen, bzw. die Erzeugung in »anderen« Kraftwerken entsprechend zurückgenommen. Man erkennt dreierlei:

- Erstens, dass die Bedarfskurve fast jeden Tag kurzzeitig überschritten wird, manchmal sogar um fast 100 %. Der unterstellte Ausbau um den Faktor 3 ist daher eigentlich viel zu hoch. Trotzdem kann auch mit ihm an keinem Tag der Bedarf durchgehend aus den Wind- und Solarkraftwerken gedeckt werden, es sind vielmehr an jedem Tag auch andere Kraftwerke notwendig. Die braucht man aber nicht nur grundsätzlich zur Bedarfsdeckung, sondern auch zur Leistungsregelung und Netzstabilisierung. Dazu müssen immer, auch dann, wenn Wind und Sonne stark blasen bzw. scheinen, ausreichend viele regelfähige Kraftwerke in Teillasst mitlaufen. Nur dann können sie ausreichend schnell rauf oder runter geregelt werden. Ein Anfahren aus dem Stillstand würde mehrere Stunden dauern, manchmal auch Tage, das wäre für die meisten Regelaufgaben viel zu langsam. Wind- und Solarkraftwerke müssen daher schon deutlich vor Erreichen der Bedarfskurve abgeregelt werden. Man baut sie, aber sie stehen dann oft ungenutzt herum: Wenn Wind bzw. Sonne nicht vorhanden sind sowieso, aber ein erheblicher Teil von ihnen steht auch dann, wenn Wind und Sonne gut blasen bzw. scheinen. Macht ihr Ausbau dann noch viel Sinn?

- Zweitens, dass auch bei diesem eher schon zu großen Ausbau immer noch kein einziges »anderes Kraftwerk« weniger gebraucht wird. Dreimal null ist eben immer noch null. Insbesondere in jeder windstillen Nacht und manchmal auch sonst müssen die konventionellen Kraftwerke die gesamte Stromerzeugung übernehmen! De facto braucht man zwei Kraftwerkssysteme: Eines, das fast täglich für kurze Zeit viel zu groß ist (und sonst meist viel zu klein ist) und ein zweites, das immer dann zur Verfügung steht, wenn das erste zu schwach ist. Immer wieder muss es sogar alleine ausreichen.

- Drittens, dass die »anderen Kraftwerke« zwar weniger, aber nicht wesentlich weniger gebraucht werden als ohne die Verdreifachung. Das »Weniger« genügt, um ihre spezifischen Stromerzeugungskosten weiter zu erhöhen (siehe gleich), das »Nicht-Wesentlich-Weniger« heißt, dass auf diese Art kaum noch zusätzliches CO_2 eingespart werden kann. Die

»anderen Kraftwerke« laufen ja fast gleich viel, und das zum Teil mit schlechterem Wirkungsgrad (siehe gleich). CO_2-mäßig bringt die Verdreifachung der installierten Leistung nur mehr sehr wenig.

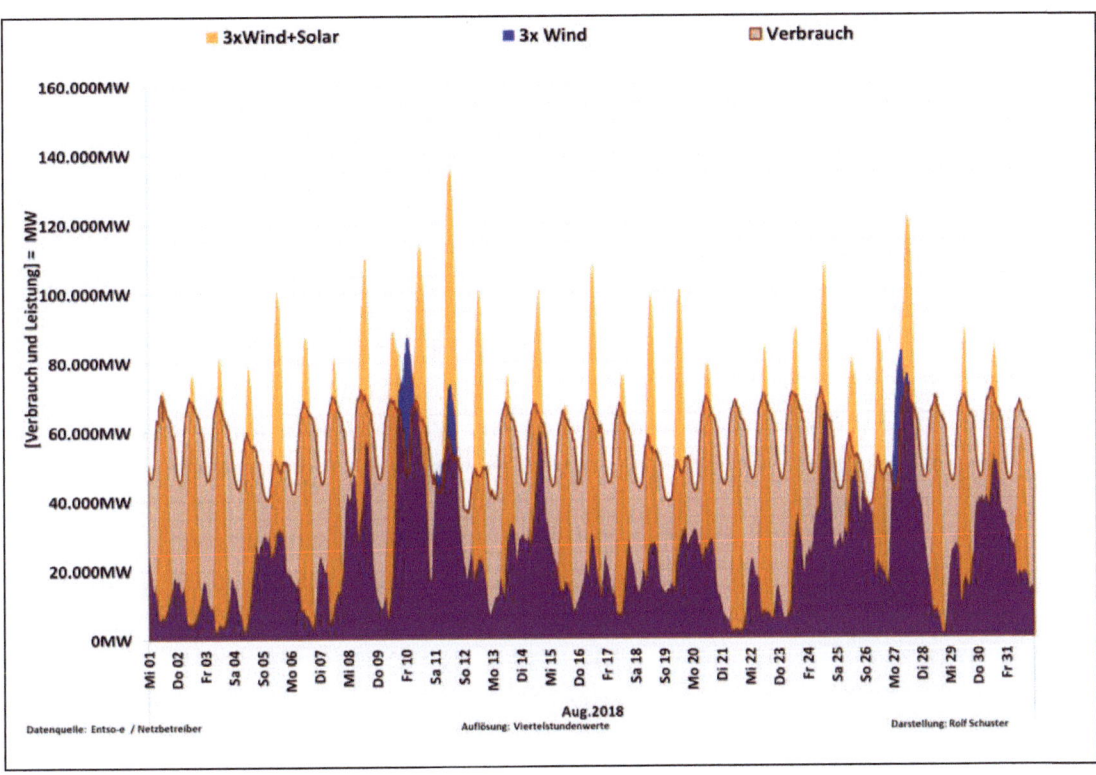

Abb. 15: Leistungsganglinien der Stromerzeugung Deutschlands im August 2018 mit fiktiv hochgerechnet dreifacher Erzeugung in Wind- und Solarkraftwerken, alles Andere gegenüber Abb. 14 unverändert. Die Erzeugung der Wind- und Solarkraftwerke ist in den Mittagsspitzen viel zu groß, aber die meiste Zeit immer noch zu klein und weiterhin relativ häufig nahe null. Das erfordert kaum reduzierten Einsatz konventioneller Kraftwerke und setzt daher möglichen CO_2-Einsparungen enge Grenzen. Quelle: /Alt 2018/.

Wenden wir uns noch kurz den Kosten dieses Ausbaues zu. Dass der teuer wird, ist bei den hohen Investitionskosten für Wind- und Solarkraftwerke trivial. Es sind aber nicht nur diese Investitionskosten zu berücksichtigen, sondern auch die verschlechterte Ausnutzung dieser Kraftwerke (häufigere Abregelung, siehe oben) sowie Kostenerhöhungen bei den »anderen Kraftwerken«: Die ergeben sich infolge geringerer Betriebsstundenanzahl, durch höheren Verschleiß infolge häufigerer und schnellerer Laständerungen und durch höheren Kraftstoffverbrauch infolge des prinzipiell schlechteren Wirkungsgrades bei der immer häufiger notwendigen Teillastfahrt. Die Gesamtkosten steigen daher nicht linear mit der Zahl der (neuen) Kraftwerke an, sondern deutlich überproportional. Da gleichzeitig die zusätzlich erreichbaren CO_2-Einsparungen immer kleiner werden, werden die spezifischen Kosten der CO_2-Einsprung immer höher, und zwar ganz erheblich. Auch kommerziell sollte der Ausbau neu bewertet werden.

7.2.4 Risiko

Der eigentliche Netzbetrieb wird in der Praxis wie folgt gesteuert: Der zu erwartende Verbrauch wird vorab aus Erfahrungswerten abgeschätzt. Daraus wird dann ein Fahrplan entwickelt, wann welches Kraftwerk wie viel Strom erzeugen soll. Nach diesem Fahrplan werden die Kraftwerke eingesetzt. Ganz genau stimmt das in der Realität natürlich nie, was zu entsprechenden Frequenzabweichungen führt. Kleinere Abweichungen können durch automatische Regeleinrichtungen an den Kraftwerken, die über solche verfügen, ausgeglichen werden. Bei größeren Abweichungen muss der Einsatzfahrplan nachträglich vom Menschen nachreguliert werden (»Redispatch«). War ein solches nachträgliches Eingreifen früher einige wenige Mal im Jahr notwendig, so muss es heute über 1000 Mal im Jahr geschehen /Str 2018/! Das nachträgliche Abändern der vorgeplanten Kraftwerkseinsätze kostet jedes Mal Geld. Allein im Jahr 2017 waren es insgesamt 1,4 Mrd. Euro!

Aber Geld ist wieder einmal nicht alles. Es geht noch mehr um die Sicherheit des Netzbetriebes und damit der Stromversorgung insgesamt. In der Sache ist den Operateuren die Netzstabilisierung bisher immer ausreichend gelungen. Die Wahrscheinlichkeit für einen Netzzusammenbruch (»Blackout«) ist infolge der vielfach erforderlichen Handeingriffe aber ganz erheblich gestiegen. Wahrscheinlich kann man einfach mit der Uhr in der Hand warten, bis er kommt. Die Frage, ob wir durch die unsicherer werdende Stromversorgung unser Risiko nicht mehr erhöhen, als wir es durch die dabei reduzierte CO_2-Freisetzung verringern, ist noch nicht beantwortet. Wieder ein Beispiel für nicht vorhandenen Konsens.

Aber eigentlich stimmt auch das nicht: Für die meisten Experten ist die Frage sehr wohl beantwortet: Das Gesamt-Risiko ist zweifelsfrei jetzt schon sehr deutlich gestiegen und es wird beim weiteren Ausbau von Wind- und Solarkraftwerken noch weiter steigen, viel schneller, als das Klima-Risiko abnimmt. Aus Risiko-Gesichtspunkten geht die Energiewende wohl eindeutig in die falsche Richtung! Das gilt jedenfalls, solange es keine geeigneten Speicher gibt, die auch das Netz stabilisieren könnten. Nur in der Öffentlichkeit will kaum jemand über die Blackout-Risiken reden, während sich alle redlich bemühen, sich bei der möglichst drastischen Schilderung der Klima-Risiken gegenseitig zu überbieten. Dadurch entsteht ein völlig falsches Bild.

Zur Asymmetrie der Risiko-Veränderungen gehört auch, dass das erhöhte Blackout-Risiko für Deutschland auf jeden Fall zum Tragen kommt, weitgehend unabhängig davon, was die anderen Länder machen. Das (ohnehin umstrittene) Klima-Risiko reduziert sich demgegenüber aber höchstens dann mehr als völlig vernachlässigbar, wenn Deutschland nicht alleine bleibt, sondern alle oder zumindest fast alle Länder der Erde mitmachen. Doch dafür gibt es wenig Anzeichen: Die USA wollen erklärtermaßen nicht und China, Indien und Japan sind dabei, im großen Stil weitere Kohlekraftwerke zu bauen, Australien ebenso. Was weitere Länder machen, ist dann schon fast gleichgültig. Schon im Pariser-Klimaabkommen haben die Entwicklungsländer grundsätzlich zugestanden bekommen, der Armutsbekämpfung Vorrang vor der Klimabekämpfung einzuräumen. Also machen sie es auch. Nicht trotz Paris, sondern wegen Paris. Und auch Kattowitz hat daran nichts geändert. Doch in Deutschland will niemand das sehen (und in einigen anderen Ländern auch nicht, in manchen anderen Ländern aber sehr wohl).

Noch ein Punkt im Risiko-Vergleich dürfte wichtig sein: Der Klimawandel kommt, wenn er denn kommt, langsam, nicht in Jahren, sondern in Jahrzehnten oder noch langsamer. Da kann man immer noch die eine oder andere Maßnahme zur Linderung der Konsequenzen durchführen. Der Blackout kommt, wenn er denn kommt, schnell, in Sekunden oder Bruchteilen davon, und seine Folgen werden innerhalb von Tagen katastrophal. Da kann man nicht einmal mehr davonfahren, weil man keinen Sprit mehr hat und weil ohnehin alles verstopft ist.

Aber etwas mehr zu den Risiken eines länger anhaltenden Blackouts kann man doch sagen: Hierzu hat das Büro für Technikfolgen-Abschätzung des Deutschen Bundestages schon 2011 eine umfangreiche Untersuchung vorgelegt /TAB 2011/. Darin werden die wahrlich dramatischen Folgen eines solchen Ereignisses aufgezeigt. Es fallen nicht nur Aufzüge und Verkehrsampeln aus, sondern auch praktisch alle Kommunikationsmittel, die Wasserversorgung (einschließl. Entsorgung!) bricht zusammen, alle Geschäftskassen haben keinen Strom mehr, Verletztentransporte oder z. B. Brandbekämpfung gibt es nicht mehr, usw., usw. Spätestens nach wenigen Tagen kommt es zu Versorgungsengpässen mit lebenswichtigen Gütern, das Gesundheitswesen bricht zusammen, ein Kollaps der gesamten Gesellschaft beginnt. Der Vergleich wird zwar nicht direkt gezogen, aber ich weiß nicht, ob da noch große Unterschiede zu den Folgen kriegerischer Ereignisse bestehen. Einen großen Blackout zu verhindern, scheint mir wesentlich wichtiger zu sein, als einen starken Klimawandel zu verhindern! Darüber sollte man zumindest einmal nachdenken!

Das Büro für Technikfolgen-Abschätzung hat auch Maßnahmen zur Erhöhung der Widerstandsfähigkeit in praktisch allen Infrastrukturfeldern gefordert. Geschehen ist inzwischen aber nicht viel. Wohl, weil das Problem in einem hochindustrialisierten Land kaum lösbar ist. Ein größerer und länger anhaltender Blackout muss vermieden werden, beherrschen lässt er sich nicht! Aber das Blackout-Problem wird lieber verdrängt als angegangen.

7.3 Energiewende – wirtschaftlich gesehen

7.3.1 Kosten

Die Kosten der Energiewende wurden und werden von der Politik meist systematisch klein geredet. Extrem der frühere Bundesumweltminister Jürgen Tritten. 2004 hat er behauptet, für eine Familie würden sie »nur rund 1 Euro im Monat – so viel wie eine Kugel Eis« betragen, /Tritt 2004/. Das ist heute nicht einmal mehr ein schlechter Scherz. Neun Jahre später gab es schon mehr Realismus: Der damalige Bundesumweltminister Peter Altmaier hat immerhin vor möglichen Gesamtkosten von 1000 Mrd. Euro gewarnt, /Altm

2013/. Nur war auch das noch nicht alles (siehe gleich) und Schlüsse daraus ziehen wollte sowieso niemand. Altmaiers Warnungen sind weitgehend ungehört verhallt, von den meisten Politikern wurden sie einfach ignoriert und völlig andere Werte wurden weiter genannt.

Jetzt sind weitere sechs Jahre ins Land gegangen. Wo stehen wir heute? Tatsächlich ausgegeben (oder zumindest fest zugesagt) wurden für die Energiewende bisher bereits rund 500 Mrd. Euro. Das Geld ist auf jeden Fall schon einmal weg. Und der Betrag wächst mit jedem Jahr Fortsetzung der Energiewende um mindestens 25 Mrd. Euro weiter! Bei 80 Millionen Einwohnern sind das pro Kopf, also vom Kleinkind bis zum Greis, bisher über 6000 Euro und mit jedem Jahr kommen über 300 Euro hinzu. Die Zahl der Kugeln Eis kann sich jeder selbst ausrechnen.

Doch das ist noch lange nicht alles und die Altmaierschen 1000 Milliarden sind es, wie gesagt, auch nicht. Nicht alles, weil viele Kosten, z.B. die für den Netzausbau, darin noch gar nicht enthalten sind. Insbesondere aber, weil die Energiewende bisher praktisch eine reine Stromwende ist. Altmaier hat die Kosten dafür abgeschätzt. Um das Ziel, die CO_2-Freisetzung *insgesamt* bis 2050 um 80 bis 95 % zu reduzieren, muss die Energiewende jedoch unabdingbar auf die anderen Bereiche der Wirtschaft ausgeweitet werden, vor allem auf den Wärme- und den Verkehrssektor. Auch die sollen den Verfechtern der Energiewende zufolge vorwiegend mit Energie aus Wind und Sonne versorgt werden. In der Diskussion wird hierfür das Schlagwort »Sektorenkopplung« verwendet. Durch diese Ausdehnung wird die Energiewende nochmals erheblich teurer.

In einer Gemeinschaftsstudie der Deutschen Akademie der Technikwissenschaften (acatech), der Deutschen Akademie der Naturforscher (Leopoldina) und der Nationalen Akademie der Wissenschaften wurde das untersucht, /Aus 2017/. Diese Institutionen sehen die Energiewende grundsätzlich sehr positiv und sie stehen sicherlich nicht in Verdacht, sie schlecht rechnen zu wollen. Aber die von ihnen ermittelten Kosten haben es in sich: Sie betragen 4500 Milliarden Euro! Um diese Summe einordnen zu können, rechnen wir wieder pro Kopf um: Für jeden Einzelnen, vom Kleinkind bis zum Greis, sind das über 50000 Euro! Wer soll das bezahlen? Wer kann das bezahlen?

7.3.2 Soziale Gerechtigkeit

Wie hoch die Kosten der Energiewende real sind, haben wir gerade gesehen. Getragen werden müssen sie nach Politik-Beschluss von den Stromkunden. Natürlich können manche dieser Stromkunden das leicht schultern. Vor allem diejenigen, die solche Beschlüsse fassen. Für weniger gut Verdienende wird die Energiewende aber immer mehr zu einer ernsten finanziellen Belastung. Nach Medienberichten ist die Energiearmut, also die Zahl derjenigen, die ihre Energierechnungen nur mehr unter empfindlicher Einschränkung anderer Bedürfnisse oder gar nicht mehr bezahlen können, in Deutschland stark im Steigen begriffen. Viele sehen in der Energiewende eine groß angelegte finanzielle Umschichtung von arm zu reich. Bezahlen bei ihr doch Mieter von Wohnungen den Hausbesitzern die Aufstellung von PV-Anlagen auf den Hausdächern bzw. den Grundbesitzern die Aufstellung von Windkraftanlagen auf ihren Grundstücken! Das birgt sozialen Sprengstoff in sich und es ist fraglich, wie lange das gut gehen kann.

In Frankreich jedenfalls hat sich der Protest der Gelbwesten an den Kosten der Klimabekämpfung entzündet (Steuern auf Benzin und Diesel). Frankreich ist heute nicht mehr das Gleiche wie vor den Gelbwesten-Protesten und wie seine Klimapolitik zukünftig aussehen wird, bleibt abzuwarten. Wenn (unwahrscheinlich) die Energiewende aus keinem anderen Grund abgebrochen werden sollte, dann wird sie aller Voraussicht nach aus Kostengründen unvollendet eingestellt werden. Welche Kosten bis dahin insgesamt anfallen, ist vor allem vom Zeitpunkt des Einstellens abhängig: Je später, desto teurer wird es! Erfolg wird es aber keinen geben, weil es nach allem menschlichen Ermessen keinen geben kann, wie in diesem Buch mehrfach gezeigt wird. Das Geld ist weg und Nutzen ist keiner da.

7.3.3 Planwirtschaft

Die Energiewende ist der Versuch der Politik, zur Abwehr möglicherweise drohender Klimagefahren die Stromversorgung (und letztlich auch die übrige Energieversorgung) hauptsächlich auf Wind- und Solarkraftwerke umzustellen. Da eine solche Energieversorgung teurer ist als die herkömmliche, musste das entgegen der Eigendynamik des Marktes versucht werden. Insofern war die Energiewende von Haus aus ein planwirtschaftliches Instrument mit Vorgaben, was, von wem und wie zu tun ist. Typisch für eine Planwirtschaft wurden bei jedem Problem, das aufgetreten ist, neue Regeln geschaffen, die dieses Problem einigermaßen umschiffen sollten. Aber die neuen Regeln haben auch wieder neue Probleme mit sich gebracht, die wieder mit neuen Regeln »beseitigt« wurden, und so fort. Heute ist die Energiewende ein äußerst komplexes Gebilde, das allein schon dadurch nur schwer Erfolg haben wird, selbst wenn alle anderen Probleme (siehe oben) überwunden werden könnten. Als Beispiel sei nur angeführt, dass es im Rahmen der Energiewende mittlerweile über 5000 festgelegte (verordnete) Einspeisetarife gibt! In den letzten Jahren wurden zwar zaghaft einige marktwirtschaftliche Elemente eingeführt (/EEG 2017/), aber am grundsätzlich planwirtschaftlichen Charakter der Energiewende hat das wenig geändert.

Es erhebt sich die Frage, ob dieses planwirtschaftliche Monster überhaupt sinnvoll reformierbar ist oder lieber gleich aufgegeben und gegen einen völlig neuen Ansatz ausgetauscht werden sollte. Aber das würde wohl zu sehr einem Eingeständnis gleich kommen, einen Fehler gemacht zu haben, und da tut die Politik sich schwer. Außerdem besteht das Grundproblem der Marktwidrigkeit eines raschen Ausbaus von Wind- und Solarkraftwerken auch heute noch. Umgehen ließe sich das nur, wenn man ausschließlich Klimavorgaben (CO_2-Vorgaben, wenn CO_2 das Klima stark beeinflusst) macht und es ansonsten komplett dem Markt überlässt, wo und wie er diese Vorgaben erfüllt. Einen politischen Willen hierzu kann ich höchstens in Ansätzen erkennen. Es wird zwar viel von einer Bepreisung des CO_2-Ausstoßes gesprochen (»CO_2-Steuer«), aber soweit ich das sehe immer nur als ergänzende Maßnahme zu zahlreichen anderen Detailregelungen, womit der planwirtschaftliche Charakter allenfalls gelindert, aber bei Weitem nicht aufgehoben wird. Damit bleiben auch die Nachteile der Planwirtschaft erhalten.

7.4 Energiewende: Erfolgsaussichten

Was ist »Erfolg«? Für manche schon ein Anteil der Erneuerbaren an der Stromerzeugung von 40 %. Das ist zwar nur der Stromsektor und selbst da nur die Erzeugung und nicht der Verbrauch, da in den Erzeugungsspitzen von Wind- und Solarstrom nur relativ wenig Strom im eigenen Land untergebracht werden kann und viel exportiert werden muss, aber manche wollen das schon gerne als Erfolg ausgeben. Andere sehen einen Erfolg erst im Einhalten festgelegter Klimaschutzziele. Für wieder andere ist Erfolg erst die völlige Entkarbonisierung der Wirtschaft. Orientieren wir uns am offiziellen Klimaziel für Deutschland. Aber nicht am 40 %-Ziel für 2020, das längst illusorisch ist, sondern am Ziel, bis 2050 mindestens 80, besser 95 Prozent CO_2 einzusparen. Das einhalten zu wollen, verkündet die Politik ja unbeirrt vollmundig weiter. Kann das mit der beschlossenen Energiewende erreicht werden?

Meines Erachtens klar nein:

- Zum Einen scheitert es am EU-Zertifikatesystem. Solange dieses gilt, können die Energiewende (und alle ähnlichen Maßnahmen) die CO_2-Freisetzungen unabwendbar nicht reduzieren, sondern nur örtlich verlagern.

- Zum Anderen scheitert die Energiewende am Speicherproblem. Was auch immer wir tun, auf absehbare Zeit (und die geht über das Jahr 2050 hinaus, das sind ja nur mehr 30 Jahre!) lässt sich dieses im erforderlichen Maßstab nicht lösen. Wenn man den Klimaschutz doch haben will (oder gar braucht), muss man grundsätzlich andere Maßnahmen anwenden! Mit intensiver Unterstützung durch Kernenergie z. B. könnte es gehen, aber das ist ein anderes Thema. In Deutschland unterliegt das einem Denkverbot. Andere Länder tun sich da leichter. Manche setzen gezielt auf Kernenergie, um drohende Klimaänderungen abzuwenden. Das ist dann aber eine andere Energiewende. Die könnte vielleicht gelingen, die jetzige kann es nicht.

- Die Energiewende scheitert zum Dritten aber auch an den hohen Kosten, die aufzubringen die Bevölkerung wahrscheinlich nicht mehr lange bereit sein wird.

Bei einem Blick in die Zukunft ist natürlich immer Vorsicht geboten. Aber selten sind Vorhersagen so gut abgesichert, wie die vom Scheitern der deutschen Energiewende. Jeder der drei genannten Gründe macht für sich alleine einen Erfolg praktisch unmöglich. Zusammen sind sie eine Hürde, deren Überwinden nach allem menschlichem Ermessen ausgeschlossen werden kann. Die Energiewende wird nicht gelingen, weil sie, so wie sie beabsichtigt ist, nicht gelingen kann.

7.5 Zusätzliche Bewertungsgesichtspunkte

Zur Bewertung der Gegenmaßnahmen gehören aber noch viel mehr Gesichtspunkte. Hier ein paar, die mir wichtig erscheinen:

1. **Flächenverbrauch und Landschaftsveränderung:** Wenn wir Menschen mit unserer Erde sparsam umgehen wollen, müssen wir den Teil von ihr, den wir für unsere Bedürfnisse nutzen, so klein wie möglich halten. Hier und anderswo. Mit dem Übergang auf Wind- und Solarenergie tun wir das aber gerade nicht: Diese haben eine vergleichsweise sehr geringe Energiedichte. Sie verbrauchen deshalb ca. 100 Mal größere Flächen als konventionelle Kraftwerke oder Kernkraftwerke! Lokal, regional und global. In Deutschland haben zigtausende Windrotoren, teilweise höher als die höchsten Kirchtürme, das Landschaftsbild bereits erheblich verändert (das wird oft als »Verspargelung der Landschaft« gebrandmarkt). Und Freiland-Fotovoltaikanlagen sind auch nicht gerade »unberührte Natur«.

2. **Konflikt mit dem Naturschutz:** Für die Erschließung neuer Windenergie-Standorte werden erhebliche Waldflächen vernichtet (auch in Naturschutzgebieten, und natürlich jedes Mal mit entsprechender CO_2-Freisetzung!). In den Rotoren verunglücken Fledermäuse, Rotmilane und andere Vogelarten. Brutstandorte von Greifvögeln und Rastplätze von Zugvögeln gehen verloren. Insekten sterben durch Rotorschlag. Müssen wir das wirklich in Kauf nehmen? Vor allem aber, wo bleibt die Gegenrechnung?

3. **Unfälle und Brände:** Bei Havarien können von den Rotoren der Windkraftwerke abfallende Teile erhebliche Schäden verursachen. Windenergieanlagen können auch umfallen oder umknicken. Bei Off-Shore-Anlagen kann es zu Zusammenstößen mit Schiffen kommen. Auch Brände sind ein Problem: In den Gondeln der Windrotoren sind erhebliche Brandlasten in Form von Schmieröl etc. vorhanden. Infolge der großen Höhe der Masten können Brände aber meist nicht gelöscht werden, jeder Brand wird zum Totalschaden. Schwierig ist das auch bei PV-Anlagen auf Hausdächern: Die in den Zellen erzeugte Gleichspannung lässt sich

nicht abschalten. Feuerwehren bleibt oft nichts Anderes übrig, als die Häuser abbrennen zu lassen, sie können nur Nachbargebäude vor dem Übergreifen der Flammen schützen. Auch das ist Teil der Realität und sollte in die Bewertung eingehen.

4. **Gesundheitsgefährdung:** Windrotoren erzeugen Lärm. Viele Menschen fühlen sich durch diesen erheblich gestört. Die Rotoren erzeugen aber auch unhörbaren Infraschall, der in Verdacht steht, erhebliche Gesundheitsauswirkungen zu haben, auf Menschen und auf Tiere. Die Gefahr wird von vielen Experten als erheblich eingestuft. Bis zur Klärung dieser Frage haben mehrere Gemeinden in Dänemark den Ausbau der Windenergie vorläufig gestoppt. Studien hierzu laufen, die Ergebnisse sollen in Kürze vorliegen /Wet 2018/. Wäre es nicht auch für uns klüger, diese Studien abzuwarten?

5. **Artensterben:** Gibt es selbstverständlich und unbestreitbar trägt der Mensch dazu bei. Aber die Ursachen liegen vermutlich weniger in CO_2-Freisetzungen und dadurch bedingten Klimaänderungen. Für Pflanzen ist die erhöhte CO_2-Konzentration sogar eindeutig ein Vorteil, für Tiere daher indirekt auch. Die Ursachen des Artensterbens dürften vielmehr vor allem in landwirtschaftlichen Monokulturen liegen und generell in der Einengung des Lebensraumes von Pflanzen und Tieren. Die gerade gemachten Angaben zum Flächenverbrauch im Energiebereich und zu den Auswirkungen der Windrotoren zeigen die diesbezügliche Problematik der Energiewende. Sie geben aber auch Anlass, der generellen Forderung Nachdruck zu verleihen, die Auswirkungen von Klimaschutzmaßnahmen stets sorgfältig vorab zu durchdenken. Hierzu sei mit Blick auf das Artensterben ein weiteres Beispiel gestattet: Aus Klimaschutzgründen wird gefordert, dem Diesel und dem Benzin für Kraftfahrzeuge Biosprit beizumischen. In der Praxis führt dieses Beimischen zum Abholzen von Regenwäldern in tropischen Ländern! Kann es verkehrter gehen? Beim Kampf gegen den Klimawandel gibt es viele unüberlegte Schnellschüsse!

Aber noch eine Anmerkung scheint mir notwendig zu sein: Eine wichtige Ursache des Artensterbens ist zweifellos Armut: Wer davon zu viel hat, betreibt notgedrungen Raubbau an der Natur. »First food, then environment«, hat es ein indischer Politiker einmal treffend formuliert. Die Kosten von Klimaschutzmaßnahmen könnten das Problem noch verstärken.

All das sind nicht nur offene Punkte, sondern führt auch zu immer stärker werdendem Widerstand in der Bevölkerung. Vor allem gegen Windenergie-anlagen sind bereits tausende Bürgerinitiativen aktiv, mit steil steigender Tendenz. Generell mehren sich kritische Stimmen. Stellvertretend für vie-le sei die »Bundesinitiative Vernunftkraft« genannt, /Vernunftkraft/. Noch überwiegt in der Bevölkerung klar die Befürwortung der Energiewende. Wie sich die Stimmung weiter entwickeln wird, bleibt abzuwarten. In Deutsch-land wie auch in anderen Ländern. Es wäre aber nicht das erste Beispiel, bei dem die Bewertung eines Problems durch die »breite Masse« plötzlich kippt.

7.6 Ergänzung: Strategiewechsel

Schauen wir über die Grenzen: Die deutsche Energiewende macht keiner nach. Auch ähnliche Wege versuchen nur relativ wenige Länder. Scheitern werden sie genauso. Einige Länder setzen offiziell auch auf Kernenergie zum Klimaschutz. Das wäre vielleicht ein Ausweg, aber so zaghaft, wie das bisher geschieht, wird das bei Weitem auch nicht reichen. Entwicklungsländer ein-schließlich China und Indien haben gemäß Paris-Abkommen das Recht, der Armutsbekämpfung Vorrang vor dem Klimaschutz einzuräumen. Sie wer-den also keinen großen Beitrag zu letzterem leisten. Im Gegenteil, sie bauen und planen tausende neue Kohlekraftwerke. Die USA machen offiziell nichts, Brasilien könnte sich bald dem anschließen, Russland hat das Paris-Abkom-men ohnehin nicht ratifiziert. Auf der anderen Seite wächst die Bevölkerung weiter, zwar langsamer als noch vor einigen Jahren befürchtet, aber doch. Das sind die Realitäten. Ich kann beim besten Willen nicht erkennen, wie die Welt eine weitgehende Reduzierung der CO_2-Freisetzungen schaffen könnte.

In Deutschland keine Chance auf Erfolg und weltweit auch keine in Sicht. In meinen Augen stellt sich die Frage nach einem Strategiewechsel: Bisher betreiben wir Klimaschutz durch Reduzieren der (vermuteten) Ursache des

Klimawandels. Sollen wir nicht besser auf Anpassung an den Klimawandel umschwenken (Stichwort: Deiche bauen)? Das wäre jedenfalls aller Voraussicht nach technisch, kommerziell und sozial leichter umsetzbar. Es hätte außerdem zwei ganz wesentliche Vorteile:

- Erstens wirkt es auch dann, wenn man sich hinsichtlich der Ursache des Klimawandels geirrt hat.

- Zweitens wirkt es auch dann, wenn keine oder nur wenige Länder mitmachen. Vielleicht etwas eingeschränkt, aber prinzipiell doch.

Man könnte noch einen dritten Vorteil anführen: Das Geld für Anpassungsmaßnahmen mag vielleicht nicht besonders effektiv angelegt sein (das kommt darauf an, wie man es macht und womit man vergleicht), aber es ist auf jeden Fall nutzbringend angelegtes Geld. Das Geld für CO_2-Vermeidungsmaßnahmen ist, wenn das Klima vorwiegend durch andere Einflüsse bestimmt wird, schlichtweg hinausgeworfenes Geld. Rein ökonomisch gesehen könnte man bei der bisherigen Strategie sagen, dass ein relativ hohes Risiko des Totalverlustes der getätigten Investitionen besteht.

Auch einen vierten Vorteil gibt es noch: Viele der dargelegten Nachteile der beschlossenen Energiewende entfallen bei der Strategieumstellung. Besonders hervorheben möchte ich das gesteigerte Blackout-Risiko. Allein dessen Entfall ist für mich ein ausreichender Grund, eine ernsthafte Debatte über die Strategieumstellung zu fordern.

Leider ist ein solcher Strategiewechsel hin zu Anpassungsmaßnahmen in Deutschland aber kaum diskussionsfähig. Unsicherheiten zuzugeben, wenn man sich einmal für eine bestimmte Lösung entschlossen hat, fällt vielen Menschen schwer. Meines Erachtens sollten wir einen solchen Strategiewechsel trotzdem überlegen, um das Risiko von Fehlschlägen zu reduzieren.

8 Zusammenfassung in 25 Punkten

Nachfolgend möchte ich die wichtigsten Ergebnisse zusammenfassen. Dabei wird sich nochmals zeigen, dass tatsächlich noch sehr viele Fragen offen sind. Allein das beweist, dass es keinen Konsens gibt. Der Mythos, die Klima-Wissenschaft hätte alles Wichtige geklärt und wäre abgeschlossen, entspricht nicht der Realität.

1. **Klimaentwicklung seit der letzten Eiszeit:** Da gab es ein häufiges Auf und Ab der Temperaturen. In den letzten 4000 Jahren war es etwa alle 1000 Jahre ähnlich warm wie heute, davor zeitweise noch wärmer, dazwischen war es jeweils um etwa ein bis zwei Grad kälter. Die CO_2-Konzentration blieb die ganze Zeit über (bis etwa 1945) jedoch ziemlich konstant bei ca. 280 ppm. Als Ursache für die Klimaänderungen vor 1945 scheidet das CO_2 daher aus. Diese müssen vielmehr durch andere Einflüsse ausgelöst worden sein. Durch welche? Haben diese Einflüsse auch nach 1945 noch gewirkt? Wirken sie auch heute noch? Wirken sie auch zukünftig?

2. **Klimaoptimum:** Die Geschichte lehrt uns, dass es der Menschheit immer umso besser gegangen ist, je wärmer es war. Das gilt zumindest bis zu der heute erreichten Temperatur. Gilt es auch noch darüber hinaus? Wo liegt das Optimum tatsächlich? Wie breit ist es? Wie schnell wird es bei Überschreiten wieder schlechter?

3. **Das Pariser Klima-Abkommen:** Soll die Erwärmung auf unter zwei Grad gegenüber der vorindustriellen Zeit begrenzen, besser sogar auf unter 1,5 Grad. Damals war es etwa ein Grad kälter als in einem historisch ermittelten »Klimaoptimum«. Gegenüber einem solchen verbleibt daher nur mehr ein halbes Grad! Was rechtfertigt eine so scharfe Grenze? Was ist, wenn dieses Ziel noch unterhalb des wahren Klimaoptimums liegt?

4. **Nutzen:** Pflanzen, auch Nahrungsmittelpflanzen, wachsen umso besser, je mehr CO_2 in der Atmosphäre vorhanden ist (»CO_2-Dünge-Effekt«).

Wie stark ist dieser Effekt auf der realen Erde? Wie viele Menschen rettet er vor dem Verhungern? Wie sollen wir ihn gegenüber den Klimafolgen des CO_2 aufrechnen?

5. **Bevölkerungswachstum:** Mehr Menschen auf der Erde setzen auch mehr CO_2 frei. Das Bevölkerungswachstum einzudämmen, sollte daher ein dringendes Anliegen auch des Klimaschutzes sein. Die Erfahrung zeigt, dass das am besten durch Anheben des Wohlstandes und das wiederum am besten durch die jederzeitige Verfügbarkeit von billiger Energie für jedermann erreicht wird. Das geht auf absehbare Zeit nur über Kohle, Öl und Gas. Ist es nicht auch für den Klimaschutz besser, vorübergehend erhöhte CO_2-Freisetzungen in Kauf zu nehmen, um dann längerfristig weniger CO_2-Freisetzung zu erreichen?

6. **Gesamtoptimierung:** Klimaschutz kostet Geld, deswegen tun wir uns ja so schwer mit seiner Umsetzung. Das dafür verwendete Geld fehlt uns zur Lösung anderer Probleme. Hunger und Elend in der Welt, eine verbesserte Ausbildung unserer Kinder, die Bekämpfung von Krankheiten (inklusive Krebs!) seien beispielhaft herausgegriffen. Welches sind die wichtigsten Probleme? Wie lassen sie sich gegeneinander abwägen? Wo liegt das Gesamtoptimum, das wir eigentlich anstreben sollten?

   Solange diese Punkte 1 bis 6 nicht geklärt sind, können wir uns prinzipiell nicht sicher sein, überhaupt in die richtige Richtung zu gehen. Wird es für nachfolgende Generationen nicht noch schwerer, wenn wir jetzt in die falsche Richtung gehen?

7. **Klima und Extremwetter:** Wenn der Treibhauseffekt das Klima erwärmt, gelangen mehr Wasserdampf und mehr Energie in die Atmosphäre. Das sollte extreme Wetterereignisse begünstigen. Aber das Wettergeschehen wird vor allem durch örtliche Temperaturunterschiede angetrieben. Und diese werden derzeit im globalen Maßstab kleiner, weil die Erde sich an den Polen stärker erwärmt als am Äquator. Das sollte wetterberuhigend wirken. Welcher Effekt überwiegt?

   Jedenfalls bisher ist eine Zunahme extremer Wetterereignisse statistisch nicht nachweisbar. Aber auch wenn das zukünftig doch einmal der Fall sein sollte, könnte man daraus noch keine Rückschlüsse auf die Ursache der Erwärmung ableiten. Ist Anpassen an die Folgen nicht prinzipiell dem Vermeiden ungesicherter Ursachen vorzuziehen?

8. **Klima und Meeresspiegel:** Beim Übergang von der letzten Eiszeit zur jetzigen Warmzeit ist der Meeresspiegel um ca. 100 Meter angestiegen. Seit dem steigt er mit starken räumlichen und zeitlichen Unterschieden langsam weiter an. Eine Beschleunigung in den letzten hundert Jahren ist nicht erkennbar. Welche Ursache trägt wie viel zum Anstieg bei? Welche Folgen hat der Anstieg in den unterschiedlichen Regionen? Ist Anpassen an die Folgen nicht prinzipiell dem Vermeiden ungesicherter Ursachen vorzuziehen?

    Vor allem aber: Ist ein Schutz gegen Überschwemmungen infolge von Wirbelstürmen etc. nicht viel dringlicher? Wie weit kann der auch gegen den allmählichen Meeresspiegelanstieg helfen?

9. **Kippen des Klimas:** Befürchtungen, das Klima könnte sich, durch unsere CO_2-Freisetzungen angestoßen, selbstständig hin zu wesentlich verschlechterten Verhältnissen oder gar einer unbewohnbaren Heißerde weiterentwickeln, werden häufig zur Begründung niedriger Grenzwerte für die Erwärmung angeführt. Bei welchen quantitativen Veränderungen sind solche Kipperscheinungen realistisch zu erwarten? Wie laufen sie realistisch ab? In der Erdgeschichte gab es Zeiten mit viel höheren Temperaturen und Zeiten mit viel höherer CO_2-Konzentration als heute. Kipperscheinungen wie beschreiben sind dabei nie eingetreten. Was rechtfertigt heutige Befürchtungen vor solch einem Ereignis?

10. **Beobachtete Klimaentwicklung seit 1850:** Trotz mancher Unsicherheiten bei den Messwerten und ihrer Auswertung (z. B., wie stark der Wärmeinseleffekt zu berücksichtigen ist), ist der Verlauf insgesamt unstrittig: Die Erde hat sich im globalen Durchschnitt um etwa ein Grad erwärmt. Allerdings nicht kontinuierlich, sondern in drei sehr ähnlichen, jeweils ungefähr 30 Jahre dauernden Stufen mit dazwischenliegender, etwa gleich langer Abflachung oder gar Abkühlung. Messungen zeigen auch klar eine Abflachung der Erwärmung ab etwa 1998, ein besonders warmes Jahr 2016 und nachfolgend eine erneute Abkühlung, bis heute etwa auf das Niveau vor dem Rekord von 2016. Welche Erklärung gibt es

für diese stufenweise Erwärmung bei kontinuierlicher CO_2-Zunahme? Haben alle drei beobachteten Erwärmungsstufen die gleiche Ursache? Welche? Warum ist die Erwärmung im 21. Jahrhundert trotz Rekordfreisetzungen von CO_2 langsamer geworden? Ist die Temperaturspitze im Jahr 2016 nur auf ein besonders starkes El Nino Ereignis zurückzuführen oder ist sie ein Anzeichen für eine erneut beschleunigte Erwärmung? Warum ist es dann aber jetzt wieder kälter geworden?

11. **Ursachen der Erwärmung um ein Grad seit 1850:** Da die anthropogenen CO_2-Freisetzungen vor 1945 noch sehr klein waren, müssen die beiden davor liegenden Erwärmungsstufen überwiegend andere Ursachen gehabt haben. CO_2 als Hauptursache kommt höchstens für die letzte Erwärmungsstufe, ca. 1975 bis 1998, infrage. Die Aussage, die Gesamterwärmung seit 1850 um etwa ein Grad wäre vom Menschen (vom CO_2) verursacht, kann nicht aufrecht erhalten werden. Wie groß ist der menschliche Anteil wirklich?

12. **Klimawirksamkeit von** CO_2**:** CO_2 ist ein Treibhausgas. Mehr davon muss daher den Treibhauseffekt verstärken. Die »Klimasensitivität des CO_2« ist die Erwärmung, die sich bei einer Verdoppelung der CO_2-Konzentration einstellt. Das ist der wichtigste Wert in der ganzen Klimadiskussion mit sehr großem Einfluss auf die Ergebnisse. Einigermaßen unstrittig berechnen lässt er sich nur für den hypothetischen Zustand einer trockenen Atmosphäre, in der CO_2 das einzige Treibhausgas ist: Da beträgt er ca. 1,1 Grad. Das ist nicht viel, aber eben hypothetisch.

Für die reale Erde wurde von einigen Forschern anhand der Strahlungseigenschaften der CO_2-Moleküle und auf Basis der physikalischen Gesetze eine CO_2-Sensitivität von etwa 0,6 bis 0,7 °C berechnet, also noch weniger. Auswertungen von Satellitenmessungen kommen zu ähnlichen Ergebnissen. IPCC vertraut solchen Rechnungen bzw. Auswertungen offensichtlich nicht ausreichend und verfolgt einen deutlich anderen Weg: IPCC nimmt Verstärkungsmechanismen an, vor allem durch Wasserdampf, und ermittelt die Klimasensitivität des CO_2 auf indirektem Weg aus einer Vielzahl von unterschiedlichsten Beobachtungen und Rekonstruktionen. Das Ergebnis dieser Überlegungen ist allerdings sehr unscharf: IPCC gibt »1,5 bis 4,5 °C« an (66 %-Vertrauensbereich). Einen wahrscheinlichsten Wert kann IPCC nicht benennen. Den Wertebereich 1,5 bis 4,5 Grad setzt IPCC als externe Vorgabe in die Rechnungen ein.

Welcher Wert gilt wirklich? Wenn die Klimawirksamkeit so ungenau (Faktor 3 in den IPCC-Angaben!), aber so wichtig ist, wie genau können dann Vorausrechnungen (Klimaprojektionen) für 100 Jahre sein? Es kann auch der größte und genaueste Computer nicht genauer rechnen als seine Eingangsgrößen sind!

13. **Klimamodelle:** Sind sehr komplexe Computerprogramme, die neben physikalischen Gesetzen auch viele Annahmen und Näherungen enthalten. Ihre Bewährungsprobe haben sie noch nicht bestanden: Ihre Ergebnisse stimmen mit der tatsächlichen Entwicklung im 21. Jahrhundert sehr schlecht überein. Auch die Klimaentwicklung vor 1975 können die Modelle nur schlecht wiedergeben. Wie zuverlässig sind dann die Aussagen dieser Modelle bis Ende des Jahrhunderts? Muss man nicht auch berücksichtigen, dass das Klima prinzipiell ein chaotisches System ist?

Nur im Intervall 1975 bis 2000 passen die Modelle gut zu den Beobachtungen. Wie berechtigt ist die in den Modellen getroffene Annahme, dass die Erwärmung in dieser Zeit hauptsächlich dem CO_2 geschuldet ist? Was spricht für sie, was dagegen? Ist diese Annahme auch ursächlich für die vor und nach diesem Intervall nur sehr schlechte Übereinstimmung der Rechenergebnisse mit den Beobachtungen? Für welche Schlussfolgerungen sind die Modelle trotz aller Unsicherheiten ausreichend genau?

14. **Aerosole:** Mit der in den Klimamodellen sehr hoch angenommenen Klimawirksamkeit des CO_2 müsste die Erwärmung seit 1850 etwa doppelt so hoch sein wie sie tatsächlich eingetreten ist. Kompensiert wird das in den Modellen durch eine auch hoch angenommene abkühlende Wirksamkeit von Aerosolen. Neuere Untersuchungen weisen eher auf eine deutlich niedrigere Aerosol-Wirksamkeit hin. Was gilt wirklich? Wenn die Aerosol-Wirksamkeit kleiner wird, dann muss in den Modellen auch die CO_2-Wirksamkeit zurückgenommen werden. Um wie viel?

15. **Hotspot:** Eine weitere Folge der in den Modellen hoch angenommenen Klimawirksamkeit der Treibhausgase ist eine besonders hoch errechnete

Erwärmung in der oberen Troposphäre in Äquatornähe. In Messungen konnte dieser »Hotspot« bisher nicht gefunden werden. Gibt es ihn doch? Oder muss die Klimawirksamkeit der Treibhausgase in den Modellen zurückgenommen werden? Um wie viel?

16. **Verbleib des CO_2 in der Atmosphäre:** CO_2 wird von Natur aus in sehr großen Mengen in die Atmosphäre eingebracht und von dort nach sehr kurzer Verweilzeit (wenige Jahre) wieder abgegeben, vorwiegend in die Speicher »Wasser« und »Biomasse«. Seit Beginn der industriellen Revolution wird dieses Gleichgewicht durch den Menschen gestört. Für das anthropogen in die Atmosphäre freigesetzte CO_2 nimmt IPCC eine sehr lange Verweilzeit (genauer: »Störungszeit«, hunderte bis tausende Jahre) an, sodass es sich praktisch vollständig in der Atmosphäre ansammelt und dort wirkt. Als Konsequenz davon gibt es nach IPCC zu einer bestimmten Klima-Grenze (z. B. 2-Grad-Ziel) ein festes Budget für die anthropogenen CO_2-Freisetzungen (»CO_2-Budget«), das nicht überschritten werden darf, egal, wann die Freisetzungen erfolgen. Daraus wird die Forderung nach einer raschen und vollständigen »Entkarbonisierung« unseres Wirtschaftens abgeleitet.

Diese Argumentation ist aber eindeutig unzulässig! Sie widerspricht theoretischen Überlegungen, die eine selektive Ansammlung von CO_2 in der Atmosphäre verbieten und eine kurze Störungszeit fordern, und sie widerspricht Beobachtungen, die einen erheblichen CO_2-Austrag aus der Atmosphäre bestätigen. Ein festes »CO_2-Budget« gibt es nicht und die gesamte Klimaproblematik ist zeitlich ganz wesentlich entspannt! Wie lange ist die Störungszeit wirklich? Wie viel vom Klimaproblem bleibt bei einer realistischen Störungszeit noch übrig?

17. **Latentwärmeabfuhreffekt:** Die Strahlungseigenschaften des CO_2, die zum Treibhauseffekt führen, bewirken unvermeidbar noch einen zweiten Effekt: Über diesen wird ein Teil der latent und per Leitung und Konvektion von der Erdoberfläche in die Atmosphäre eingebrachten Wärme aus der Atmosphäre in den Weltraum abgeführt. Dieser »Latentwärmeabfuhreffekt« wirkt grundsätzlich abkühlend und reduziert die erwärmende Wirkung des Treibhauseffektes. Mit zunehmender Treibhausgaskonzentration sollte er an Bedeutung gewinnen. In den Modellen hat er

keinen Namen, aber er wird prinzipiell berücksichtigt. Nur, wie gut wird er berücksichtigt? Ist das auch bei der heutigen CO_2-Konzentration ausreichend?

18. **Sonne:** Die Sonne hält durch ihre Gravitationskraft die Planeten auf ihren Umlaufbahnen. Durch ihre Strahlung erwärmt sie die Erde und ist Energiespender für unser Leben. Mit ihrem Magnetfeld schirmt sie die Erde sehr effektiv gegen energiereiche Strahlung aus dem Weltraum ab (»kosmische Strahlung«). Dieses Magnetfeld ist nicht konstant, sondern ändert sich in etwa 11-jährigem Zyklus, überlagert durch längerfristige Zyklen. Sichtbare Begleiterscheinung dieser Änderungen sind die Sonnenflecken. Mit ihnen ändert sich auch die Strahlungsintensität der Sonne. Aber so wenig, dass das kaum Einfluss auf das Klima der Erde haben kann.

Trotzdem gibt es Beobachtungen, die einen solchen Zusammenhang nahe legen: Bei vielen Sonnenflecken war es warm, bei wenigen kalt. Das spricht für einen Mechanismus, der die Wirkung der Sonnenflecken (des Magnetfeldes) verstärkt. Mehrere solche Mechanismen werden diskutiert, insbesondere der Svensmark-Effekt: Das Magnetfeld der Sonne beeinflusst die kosmische Strahlung, diese beeinflusst die Wolkenbildung auf der Erde und die Wolken beeinflussen das Klima. Die einzelnen Schritte des Svensmark-Effektes sind wissenschaftlich gut abgesichert. Der Effekt verstärkt den Sonneneinfluss auf das Klima tatsächlich. Aber wie groß ist diese Verstärkung auf der realen Erde bei den heute hier herrschenden Randbedingungen wirklich? Da sind noch weitere Forschungsanstrengungen erforderlich. Auf jeden Fall aber sollte dieser Verstärkungsmechanismus prinzipiell gleichberechtigt mit der Wasserdampfverstärkung des Treibhauseffektes in den Klimamodellen berücksichtigt werden!

19. **Zyklische Ozeanströmungen:** Sowohl im Atlantik als auch im Pazifik gibt es mehrdekadische Zyklen, die zu Temperaturunterschieden quer über die Ozeane führen. Verändern die auch die globale Durchschnittstemperatur? Ist damit der stufenweise Verlauf der Temperatur seit 1850 zumindest teilweise erklärbar? Insbesondere die starke Erwärmung im letzten Quartal des 20. Jahrhunderts und die Abflachung danach?

20. **Energiewende und EU-Zertifikatesystem:** Deutschland will seine Klimaziele insbesondere mittels der Energiewende erreichen. Zentraler Ansatzpunkt ist die CO_2-Reduktion durch den Ausbau von Wind- und Solarenergie. Daneben gilt das EU-Zertifikatesystem: Wer CO_2 freisetzen will, benötigt hierfür Zertifikate. Hat er zu wenige, muss er dazukaufen, hat er zu viele, kann er verkaufen. Der Handel mit den Zertifikaten soll den billigsten Weg aussuchen, klimawirksam ist jedoch nur die Gesamtzahl der Zertifikate. Mehr CO_2-Freisetzung, als dieser Gesamtzahl entspricht, gibt es nicht. Weniger aber auch nicht: Die Zertifikate haben ja einen Wert. Wer sie nicht selbst nutzt, verkauft sie, um das Geld zu bekommen, und wer sie kauft, nutzt sie, dafür hat er ja das Geld ausgegeben. In dem Ausmaß, in dem die Energiewende zunächst die CO_2-Freisetzung reduziert, werden dadurch auch Zertifikate frei. Die kommen in den Handel und für die wird dann an anderer Stelle die gleiche CO_2-Menge freigesetzt. Dem Klima ist diese örtliche Verlagerung egal. Energiewende oder Zertifikatesystem?, das ist hier die Frage! Beides zusammen macht keinen Sinn und erhöht nur die Kosten.

Die Unverträglichkeit mit dem EU-Zertifikatesystem gilt auch für jede andere mit der Absicht zusätzlicher CO_2-Einsparungen ergriffene, geplante oder verordnete Maßnahme. Auch z. B der gerade viel diskutierte Ausstieg aus der Braunkohle bleibt zwangsweise Klima-wirkungslos, solange das EU-Zertifikatesystem gilt! Warum wird das ignoriert?

21. **Energiewende und Speicherproblem:** Ohne geeignete Speicher ist eine weitgehende Umstellung der Stromversorgung auf Wind und Sonne nicht möglich, weil konventionelle Kraftwerke zu oft einspringen müssen. In jeder windstillen Nacht müssen sie die komplette Versorgung sogar alleine übernehmen. Und weil die konventionellen Kraftwerke immer auch CO_2 freisetzen, bleibt auch die dieserart mögliche CO_2-Reduzierung eng begrenzt. Geeignete (und bezahlbare!) Speicher sind aber nicht absehbar. In der realen Welt kann die Energiewende daher keinen Erfolg haben. Welchen Sinn macht sie, wenn sie notwendigerweise weit vor dem Erreichen des Ziels stecken bleibt?

22. **Energiewende und Kosten:** Für die Energiewende wurden bisher schon über 500 Milliarden Euro ausgegeben oder fest zugesagt, jedes Jahr kommen mindestens 25 weitere Milliarden hinzu. Das alles ohne Aussicht

auf Erfolg, weil das Zertifikatesystem und das Speicherproblem einen solchen zwangsweise verhindern. Wie lange werden die Menschen noch bereit (und in der Lage?) sein, diese Kosten zu tragen?

23. **Energiewende und Risiko:** Durch Ausbau von Wind- und Solarkraftwerken wird das Netz instabiler und die Regelanforderungen werden größer. Das Risiko eines großflächigen und lang anhaltenden Blackouts ist bereits erheblich angestiegen. Der Anstieg erfolgt höchstwahrscheinlich schneller als die Reduktion der Klimarisiken, selbst wenn das CO_2 stark klimawirksam ist. Welche Konsequenzen sind aus der Blackout-Risikoerhöhung zu ziehen?

24. **Energiewende und Kernenergie:** Bisher versuchen wir, die Reduktion der CO_2-Freisetzungen vor allem durch die Umstellung unserer Energieversorgung auf Wind- und Solarenergie zu erreichen. Das wird aller Voraussicht nach nicht gelingen. Wenn wir wirklich etwas tun müssen, sollten wir dann nicht doch nochmals ernsthaft über den Einsatz der Kernenergie nachdenken? Mit ihr könnte es gehen.

25. **Strategiewechsel:** Unsere bisherige Klimastrategie ist darauf ausgerichtet, »gefährliche Klimazustände« durch Reduzieren der anthropogenen CO_2-Freisetzungen zu vermeiden. Ein Erfolg ist, wie gezeigt, äußerst fraglich, hierzulande und weltweit. Sollen wir unsere Strategie nicht lieber gleich auf Anpassen an mögliche Klimaänderungen umstellen? Das hilft auch dann, wenn eine andere Ursache für den Klimawandel verantwortlich ist, und es hilft prinzipiell unabhängig von der Anzahl der Länder, die mitmachen. Außerdem dürfte es auch leichter durchsetzbar sein, weil es geringere gesellschaftliche Änderungen erfordert, es vermeidet ein erhöhtes Blackout-Risiko und es hilft auch gegen Wetterextreme, die mit und ohne Klimawandel zu erwarten sind. Warum also nicht?

Soweit die Zusammenfassung. Diese 25 Punkte ergeben ein völlig anderes Bild vom Klimaproblem, als es üblicherweise gezeichnet wird. Das Problem ist einerseits höchstwahrscheinlich wesentlich entspannter und andererseits wesentlich stärker umstritten. Der Konsens reicht nur soweit, dass die CO_2-Zunahme der letzten 150 Jahre überwiegend anthropogen ist, dass der Treibhauseffekt existiert und dass mehr CO_2 ihn prinzipiell verstärkt. Da endet er weitgehend, praktisch alles Andere ist umstritten. Mit ursächlich hierfür ist die oft fehlende Bereitschaft, Fakten anzuerkennen, z. B., dass die Klimasensitivität des CO_2 nur sehr ungenau bekannt ist, dass die Verweilzeit (genauer: Störungszeit) des CO_2 in der Atmosphäre viel kürzer sein muss, oder dass die Energiewende bei gleichzeitigem EU-Zertifikatesystem keinen Erfolg haben kann. Wir sollten vorurteilslos über die offenen Punkte reden und erst dann versuchen, die Welt vor ihrem Untergang zu retten, wenn mehr Klarheit in entscheidenden Fragen besteht.

9 Für Kurzleser: Die wichtigsten Erkenntnisse in 6 Sätzen

Im Buch stehen viele Details. Die wichtigsten Erkenntnisse sind:

1) In den Klimawissenschaften gibt es in entscheidenden Fragen keinen Konsens.

2) Wir wissen weder, wo das wahre Klimaoptimum liegt, noch welche CO_2-Konzentration optimal ist.

3) Zur Erwärmung um ein Grad seit 1850 haben andere Ursachen mehr beigetragen als das (anthropogene) CO_2.

4) Die Klimasensitivität des CO_2 ist höchstwahrscheinlich relativ klein, daher wird auch der anthropogene Treibhauseffekt vermutlich eher nur klein sein.

5) Die Verweilzeit von CO_2 in der Atmosphäre ist gesichert relativ kurz, daher ist das anthropogene Klimaproblem auf jeden Fall zeitlich deutlich entspannt.

6) Der beschlossene Weg zur Lösung des Klimaproblems kann nicht funktionieren, auch wenn das Problem noch so ernst sein sollte.

Ausführliche Begründungen sind im Buch enthalten. Ich möchte nur ausdrücklich noch auf die in meinen Augen überragende Bedeutung von Ziff. 5) hinweisen: Rein zeitlich gesehen ist das Klimaproblem kein besonders dringendes Problem. Wir können die noch offenen Fragen in Ruhe klären. Schnellschüsse sind nicht notwendig und höchstwahrscheinlich auch nicht hilfreich.

10 Schlussbemerkungen

10.1 Unbegreiflich

Eigentlich ist es unbegreiflich, mit wie wenig Wissen wir weitreichende Entscheidungen treffen: Wir wissen nicht, welches Klima optimal ist; wir wissen nicht, wie wir die verschiedenen Wirkungen von CO_2 gegeneinander und das Klimaproblem gegen andere Probleme aufrechnen sollen; wir wissen nicht, wie stark CO_2 das Klima beeinflusst und ob nicht andere Einflussfaktoren stärker wirken; wir wissen nicht, wie lange das CO_2 in der Atmosphäre verbleibt; und vieles Anderes wissen wir auch nicht. Trotzdem fordern wir eine komplette Umstellung unseres Energieversorgungssystems mit weitreichenden wirtschaftlichen und gesellschaftlichen Konsequenzen, und das fordern wir auf der Basis von erkennbar unzuverlässigen Rechenprogrammen. Und diese Umstellung soll durch Maßnahmen bewerkstelligt werden, die absehbar keinen Erfolg haben können. Es ist wirklich unbegreiflich!

10.2 Von der abgeschlossenen Wissenschaft zur Aufklärung

Unbegreiflich ist für mich aber auch, wie sich bei dieser Sachlage in einem Großteil der Medien und in der veröffentlichten Meinung ein »heiles Bild« der Klimawissenschaft halten kann: Alles wäre geklärt, die Schuld des Menschen wäre bewiesen und drastische Verhaltensänderungen wären unumgänglich, darüber bestünde Konsens in der Wissenschaft. Alle diese Behauptungen stimmen nicht. Das »heile Bild« einer abgeschlossenen Klimawissenschaft ist ein Mythos, der schlichtweg falsch ist. Die aufgezeigten offenen Fragen belegen das m. E. eindeutig.

Ich erinnere an die Aufklärung: »Sapere aude!« war deren Leitspruch, »wage es, zu wissen!«. Mit ihm wurde gegen ein vermeintlich gesichertes Weltbild angekämpft. Heute würde ich das gerne etwas umformulieren: »Dubitare aude!«, »wage es, zu zweifeln!«. Das ist meines Erachtens das Gebot der Stunde. Wage es zu zweifeln, an allem, was dir tagtäglich als politisch korrekt vorgesetzt wird. Beim politisch Korrekten wird stets wissenschaftliche Absicherung behauptet, die aber real oft nicht vorhanden ist. Beim Klima ist es das ganz gewiss so.

10.3   Gut gemeint

In der Einleitung zu diesem Buch habe ich über einen eventuell vorhandenen Hang der Menschen zu Weltuntergangsprophezeiungen spekuliert. Dadurch lässt sich die weitverbreitete Sympathie für den Mythos der angeblich bewiesenen anthropogenen Klimagefahr vielleicht erklären. Eine weitere Erklärung könnte möglicherweise im originär humanen Wunsch liegen, etwas Gutes zu tun. Die Welt vor der Klimakatastrophe zu retten, wäre so etwas, sogar etwas Bedeutendes. Das wollen wir tun. Das können wir jedoch nur tun, wenn die Klimakatastrophe wirklich droht, wenn sie vom Menschen verursacht ist und wenn sie durch eine Änderung seines Verhaltens abgewendet werden kann. Also muss das alles so sein, von der Analyse der Situation bis hin zu den abgeleiteten Handlungsempfehlungen. Daran zu zweifeln, untergräbt die Möglichkeit, etwas Gutes zu tun. Es muss also unterdrückt werden. Aber »gut gemeint« ist oft das Gegenteil von »gut«. Unser Klimaschutz scheint ein Beispiel dafür zu sein. Wir sollten kritischer sein!

10.4   Die Lösung

Wenn die Wissenschaft sich tatsächlich einig ist und alles geklärt hat, dann sollten ihre Vertreter die in diesem Buch aufgeworfenen Fragen umgehend schlüssig und nachvollziehbar beantworten können. Das wäre die einfache Lösung. Es sind aber nicht überzeugungsbasierte Aussagen gefragt, sondern solide und überprüfbare Argumente! Wenn die die »veröffentlichte Meinung« bestätigen, dann ist das eben so, dann müssen wir die Konsequenzen tragen, insbesondere CO_2-Freisetzungen massiv reduzieren. Aber bitte nicht mit Parallellösungen zum EU-Zertifikatesystem, die keinen Erfolg haben können, und nicht mit Wind- und Solarkraftwerken, die ohne Speicher auch keinen Erfolg haben können.

Wenn die »einfache Lösung« aber nicht geht, dann bleiben die Zweifel aufrecht. Dann müssen intensive Forschungsanstrengungen zur Klärung der offenen Fragen prioritär durchgeführt werden. Das wäre die »aufwändige Lösung«. Aber nur so können Fehlschläge vermieden werden. Je schwerwiegender das Problem ist, desto dringender ist es, vorab die richtige Richtung sicherzustellen. Das Klimaproblem ist ein Paradebeispiel dafür.

10.5 Zeitdruck

Vielfach wird dem entgegengehalten, dass wir für solche Abklärungen nicht mehr Zeit hätten. Längeres Hinauszögern energischer Klimaschutz-Maßnahmen würde das Problem unlösbar machen. Wir müssten sofort handeln und wir wüssten ohnehin schon genug, um gesichert in die richtige Richtung zu gehen. Dem kann ich aus 4 Gründen nicht zustimmen:

- Erstens wird dieser Zeitdruck schon seit 30 Jahren so behauptet. Berechtigt war das nie, es wird wohl auch jetzt nicht berechtigt sein.

- Zweitens ist der Zeitdruck auch sachlich klar zurückzuweisen: Das ergibt sich logisch zwingend aus der relativ kurzen Verweildauer des CO_2 in der Atmsophäre und es wird durch die Abflachung der Erwärmung nach 1998 empirisch bestätigt.

- Drittens ist es mit unserem Wissen an vielen Stellen so weit nicht her, wie die zahlreichen offenen Fragen m. E. klar belegen. Selbst die richtige Richtung können wir nicht gesichert angeben.

- Viertens schließlich kann es wohl kaum einen entscheidenden Einfluss auf die Erfolgschancen haben, ob wir mit entschiedenen Gegenmaßnahmen – so wir sie denn tatsächlich brauchen – von den heute in der Atmosphäre vorhandenen 410 ppm CO_2 aus beginnen, oder in z. B. 5 Jahren von dann ca. 420 ppm aus. In dieser Zeit kann aber hinsichtlich Notwendigkeit und richtiger Auswahl der Maßnahmen sehr viel an zusätzlichen Erkenntnissen gewonnen und Fehlentscheidungen können vermieden werden. Es muss nur die Forschung an den richtigen Stellen ergebnisoffen vorangetrieben werden. Das sollten wir tun!

10.6 An die demonstrierende Jugend

Kurz vor Fertigstellung dieses Buches haben die Freitagsdemonstrationen der Schülerinnen und Schüler zugunsten des Klimaschutzes begonnen (»Fridays for Future«). Ein so wichtiges Ereignis kann in einem Buch, das es ernst mit der Diskussion über das Klima meint, nicht unberücksichtigt bleiben. Daher auch hierzu noch ein paar Worte, direkt adressiert:

Liebe Jugendliche!

Ich finde es sehr gut, dass Ihr Euch für die Zukunft engagiert. Es ist Eure Zukunft und Ihr müsst sie gestalten. Ihr wollt das besser machen, als es die Generation Eurer Eltern getan hat. Gut so, das ist das Recht der Jugend. Mehr noch, ich glaube, es ist sogar ein wichtiger Beitrag zur Weiterentwicklung der Menschheit. Die Jugend muss offen für neue Wege sein. Ein bisschen überrascht bin ich nur, dass Ihr es – jedenfalls in meinen Augen – so halbherzig macht: Ihr wollt zwar anders leben als es Euch Eure Eltern vorgemacht haben, aber nicht nach eigenen Vorstellungen, sondern Ihr wollt es nach dem Weltbild tun, das Eure Eltern Euch als das richtige schildern. Sie haben es nur nicht geschafft, selbst so zu leben, aus welchen Gründen auch immer, Ihr sollt das nun schaffen. OK, das ist ja nichts Schlechtes. Aber warum bildet Ihr Euch nicht Eure eigene Meinung?

Ein Beispiel: Seit der letzten Eiszeit hat sich die Temperatur mehrfach um ein bis zwei Grad nach oben und nach unten verändert. Der Menschheit ging es dabei immer umso besser, je wärmer es war. Daraus eröffnen sich in meinen Augen sofort zwei Fragenkomplexe: Erstens: Wie viel der Erwärmung der letzten 400 Jahre ist auf das ganz normale Rückschwingen des Klimas nach der Kleinen Eiszeit zurückzuführen und wie viel auf das anthropogene CO_2? Und zweitens: Hört das genannte »Umso besser, je wärmer« abrupt bei den bisher erreichten Temperaturen auf, oder geht es noch etwas weiter darüber hinaus und wie schnell wird es nach dem realen Optimum wieder schlechter?

Diejenigen aus Eurer Elterngeneration, denen Ihr folgt, stellen diese Fragen nicht. Wollt Ihr sie nicht stellen?

Oder: Ihr lernt in der Schule, dass über eine Milliarde Menschen äußerst arm sind und Hunger leiden. Und Ihr lernt, dass mehr CO_2 die Fotosynthese verstärkt. Eure Elterngeneration macht keine Gegenrechnung zu den Klimawirkungen des CO_2. Wollt Ihr es nicht tun?

Ihr seid die Internet-Generation. Ihr könnt damit umgehen. Ladet Euch doch die Kurven für die Entwicklung der Temperatur und der CO_2-Konzentration herunter und schaut, wie gut die wirklich zusammen passen. Schaut Euch die Rechenergebnisse der Klimamodelle an und vergleicht sie mit der tatsächlichen Entwicklung im 21. Jahrhundert. Solltet Ihr dabei auf die Information stoßen, dass »die letzten vier Jahre die wärmsten seit Beginn der Aufzeichnungen« waren, dann schaut bitte nach, wie die Temperaturentwicklung innerhalb dieser vier Jahre war. Ihr habt alle Möglichkeiten, nützt sie doch aus.

Klimasensitivität des CO_2, Aerosolwirksamkeit, Hotspot in den Tropen sind etwas komplizierter, aber auch recherchierbar. Schaut nach, ob heutzutage tatsächlich Jahr für Jahr 15 bis 20 Mrd. t CO_2 aus der Atmosphäre entfernt werden. Wenn ja, überlegt Euch bitte, ob es wirklich ein festes CO_2-Budget zur Einhaltung eines bestimmten Klima-Grenzwertes geben kann. Ebenso überlegt bitte, ob die Energiewende dem Klima überhaupt helfen kann, solange es parallel dazu das EU-Zertifikatesystem gibt. Im Buch habe ich noch mehr Punkte genannt. Prüft das alles bitte nach. Wenn Ihr dann zum Schluss kommt, dass das berechtigt ist, was Ihr bisher von der Generation Eurer Eltern hört, und dass es tatsächliche schon fünf vor zwölf ist, dann demonstriert bitte weiter für mehr Klimaschutz. Wenn Ihr aber Zweifel nicht ausräumen könnt, dann demonstriert bitte für eine sorgfältige sachliche Klärung. Es ist Eure Zukunft, nehmt sie in Eure Hand. Besser noch, nehmt sie in Euren Verstand, der soll Euch die Hand führen, so, wie er es für richtig hält.

11 Anhang: Mehr zum Verbleib von CO_2 in der Atmosphäre

In Kapitel 5.3 habe ich zwei Aussagen der »etablierten Klimawissenschaft« zurückgewiesen: Das anthropogen freigesetzte CO_2 würde sich selektiv in der Atmosphäre ansammeln und als Folge davon gäbe es ein festes CO_2-Budget zum Einhalten eines bestimmten Klimaziels. Begründet habe ich diese Zurückweisung mit der Notwendigkeit, alle CO_2-Moleküle in der Atmosphäre gleich zu behandeln, weil die Moleküle alle gleich sind, und mit der Beobachtung, dass real laufend erhebliche Mengen CO_2 bleibend aus der Atmosphäre ausgeschieden werden. Ich habe auch schon gesagt, dass diese Zurückweisung prinzipiell auch für verfeinerte Betrachtungen der »etablierten Klimawissenschaft« zutrifft, für die die Stichworte »airborne fraction« und »Bern Carbon Cycle Model« benannt werden können. Diese verfeinerten Konzepte wollen wir uns jetzt näher ansehen.

Dazu betrachten wir zunächst die CO_2-Bilanz der Atmosphäre, wie sie von der »etablierten Klimawissenschaft« angegeben wird: In einem bestimmten Zeitfenster (z. B. im Jahr X) wird eine bestimmte CO_2-Menge durch den Menschen in die Atmosphäre eingebracht (nachfolgend als »Freisetzung« bezeichnet) und eine andere (meist kleinere) CO_2-Menge wird der Atmosphäre bleibend entnommen, durch welche Prozesse auch immer (nachfolgend als »Entnahme« bezeichnet). Die Differenz der beiden Mengen ist der »CO_2-Zuwachs« der Atmosphäre. Am Ende des Zeitfensters gibt es um diesen »Zuwachs« mehr CO_2 in der Atmosphäre als am Anfang. Die »etablierte Klimawissenschaft« bildet nun den Quotienten aus »Zuwachs« und »Freisetzung« und bezeichnet den als »in der Atmosphäre verbleibenden Anteil« (»airborne fraction«).

Diese Bezeichnung ist etwas irreführend: Erstens, weil ein »Anteil« grundsätzlich nur Werte zwischen 0 und 1 (bzw. in Prozenten Werte zwischen 0 und 100 %) annehmen kann, die gerade definierte »airborne fraction« aber von $-\infty$ bis $+\infty$ variieren kann (wobei die Extremwerte dann zum Tragen kommen, wenn keine anthropogene Freisetzung erfolgt, aber CO_2 in Senken ausgelagert wird oder z. B. von Vulkanen eingebracht wird). Und zweitens, weil die »verbleibenden« CO_2-Moleküle zu einem erheblichen Teil gar nicht aus der in diesem Zeitfenster »freigesetzten« Menge stammen, also gerade nicht ein »verbleibender Anteil« der »Freisetzung« sind.

Aber Definitionen und Namen darf man natürlich frei wählen. Nur schafft man dadurch noch keine physikalische Bedeutung für sie. Die »airborne fraction« ist zwar manchmal hilfreich, einen bestimmten Zustand anschaulich zu beschreiben, hat aber trotzdem keine physikalische Bedeutung. Einfach deswegen nicht, weil die beiden sie bestimmenden Prozesse völlig unabhängig voneinander sind: Die »Freisetzung« ist die Folge menschlichen Tuns und unabhängig von der herrschenden CO_2-Konzentration, während die »Entnahme« unabhängig vom menschlichen Tun ist und ihre Stärke maßgeblich von der momentanen CO_2-Konzentration beeinflusst wird. Die Kombination der beiden Größen ist daher ein Zufallsprodukt.

Aber mit oder ohne physikalische Bedeutung, berechnen kann man die »airborne fraction« natürlich immer, für jedes Zeitintervall und für jeden Zeitpunkt. In Kapitel 5.3.6 habe ich selbst ähnliche Rechnungen angeführt. Ich habe gezeigt, dass seit Beginn der industriellen Revolution mengenmäßig insgesamt etwa die Hälfte des anthropogen freigesetzten CO_2 auch wieder aus der Atmosphäre ausgeschieden worden ist und dass dieses Verhältnis auch zurzeit (Momentanwert) ungefähr gleich groß ist. Auf die Zufälligkeit der beiden Werte und damit auch ihrer Übereinstimmung habe ich ausdrücklich hingewiesen.

Die »etablierte Klimawissenschaft« ignoriert jedoch diese Zufälligkeit und sie lässt sich auch nicht davon verunsichern, dass die »airborne fraction« für die einzelnen Jahre stark streuende Werte aufweist, also prinzipiell problematisch ist. Die »etablierte Klimawissenschaft« sieht vielmehr den Verbleib von etwa der Hälfte des anthropogen freigesetzten CO_2 in der Atmosphäre als eine Art Naturgesetz an. Der genauere Wert ist »43 %«, das macht aber nur wenig Unterschied. Diese »43 %« sind nach Meinung der »etablierten Klimawissenschaft« eine zwangsweise Folge aus den Details des ungestörten Zustandes und aus den physikalischen und chemischen Eigenschaften des CO_2. Solange die Störung des natürlichen Gleichgewichtes nur gering ist, müssten es nach Meinung der »etablierten Klimawissenschaft« immer 43 % sein. Einen physikalischen Beweis dafür habe ich nicht finden können.

Zwischenbemerkung: In manchen Studien werden leicht abweichende Definitionen der »airborne fraction« gewählt und auch der Zahlenwert hierfür schwankt leicht, aber diese Abweichungen sind klein und haben keinen Einfluss auf die nachfolgenden Überlegungen hierzu. Ich werde stets »43 %« angeben. Ende der Zwischenbemerkung.

Nochmals: Nach Meinung der »etablierten Klimawissenschaft« müssten es – bei kleinen Störungen – immer 43 % sein. Verändert sich der Wert, wäre das ein Beweis für eine massive Störung, so massiv, dass sie das Klimasystem der Erde bereits erheblich verändert hat (Rückkopplungen aufgrund der anthropogenen Freisetzungen). Der geänderte Wert ergäbe sich dann einfach daraus, dass das neue Klimasystem auf (neue) Freisetzungen anders reagiert als seinerzeit das alte Klimasystem auf (damalige) Freisetzungen.

In diesem verfeinerten Konzept der »etablierten Klimawissenschaft« tritt die »airborne fraction« von 43 % gewissermaßen an die Stelle des quantitativen Verbleibs der anthropogenen Freisetzungen in der Atmosphäre im einfachen Konzept, wie ich es in Kapitel 5.3 beschrieben habe (das wäre sozusagen eine airborne fraction von 100 %). Beim Konzept der »airborne fraction« verbleibt zwar nicht mehr das ganze anthropogen freigesetzte CO$_2$ in der Atmosphäre, aber doch fast die Hälfte (genauer: 43 %). Ein festes CO$_2$-Budget zur Einhaltung eines bestimmten Klima-Grenzwertes gibt es daher trotzdem, es ist nur etwas größer geworden. Damit ist dieses Konzept zwar eine Annäherung an die Wirklichkeit, die Kritik bleibt aber prinzipiell die gleiche: Die CO$_2$-Moleküle sind alle gleich, es gibt nicht zwei Teilmengen, von denen die eine in der Atmosphäre verbleibt und die andere diese wieder verlässt. Mehr dazu kommt noch.

Angemerkt sei noch, dass in der öffentlichen Diskussion nicht immer sauber zwischen dem »klassischen Konzept« mit Ansammlung von 100 % des anthropogenen CO$_2$ in der Atmosphäre und dem »verfeinerten Konzept« mit »nur 43 % Ansammlung« unterschieden wird. Das ist aber insofern nicht so wichtig, als beide Konzepte infolge ihrer Ungleichbehandlung gleicher Moleküle nicht haltbar sind.

Für die »etablierte Klimawissenschaft« ist die »airborne fraction« eine sehr wichtige Größe. Wie gesagt, auch oder sogar speziell als Indikator für Änderungen im Klimasystem. Die »etablierte Klimawissenschaft« meint, eine Zunahme der »airborne fraction« auch bereits sehen zu können. Andere Forscher können in den stark streuenden Werten keine Zunahme erkennen. Und wenn sie da wäre, dann könnte sie auch andere Ursachen haben. Insbesondere aber zweifeln die Kritiker grundsätzlich an der Aussagekraft der ganzen Überlegungen. Dafür würde es ganz einfach keine physikalische Grundlage geben. Womit die Kritiker meines Erachtens recht haben.

Das möchte ich noch ein bisschen weiter untermauern: Ich erinnere dazu an den Fall 3 des Gedankenexperimentes in Kapitel 5.3.7. Dort hatte ich angenommen, dass unsere CO$_2$-Freisetzungen schlagartig auf den Wert der derzeitigen Entnahme reduziert werden. Dann ändert sich die atmosphärische CO$_2$-Konzentration nicht mehr, weil ja gleich viel nachkommt, wie entnommen wird. Da die »etablierte Klimawissenschaft« aber eine weitgehend feste »airborne fraction« von 43 % annimmt, verbleiben diesem Konzept zufolge anschließend auch von der reduzierten Freisetzung Jahr für Jahr 43 % in der Atmosphäre. Die Konzentration muss dann weiter steigen, langsamer als früher, aber doch.

Nach Vorstellungen der »etablierten Klimawissenschaft« steigt die Konzentration also weiter, obwohl gleich viele CO$_2$-Moleküle in die Atmosphäre freigesetzt werden, wie aus ihr entnommen werden! Wenn sich hier ein Widerspruch auftut, dann sind meines Erachtens auch andere Aussagen des Konzeptes fragwürdig!

Die Vorstellungen der »etablierten Klimawissenschaft« könnten nur dann stimmen, wenn die Entnahme von CO$_2$ aus der Atmosphäre sich nicht nach der Konzentration des CO$_2$ in dieser richtete, sondern nach der momentanen anthropogenen Freisetzung in diese. Dann könnte bei Halbieren der Freisetzung auch die Entnahme mit halbiert werden. Das kann aber deswegen nicht sein, weil die CO$_2$-Senken nur auf die ihnen momentan in der Atmosphäre angebotene CO$_2$-Konzentration reagieren. Ist die hoch, entnehme die Senken viel, ist sie niedrig, entnehmen die Senken auch nur wenig. Wie diese Konzentration zustande gekommen ist, bzw., von wo die CO$_2$-Moleküle in die Atmosphäre gekommen sind und wie lange sie schon dort sind, wissen die Senken gar nicht. Eine physikalische Erklärung für eine Abhängigkeit der Entnahme von der momentanen Freisetzung bleibt die »etablierte Klimawissenschaft« auch schuldig, wie sollte sie eine solche denn auch finden. Nüchtern betrachtet können aus dem Konzept der »airborne fraction« keine(!) gesicherten Schlussfolgerungen abgeleitet werden, weil es dafür keine physikalische Basis gibt!

Zwischenbemerkung: Nach dem Konzept der »airborne fraction« verbleiben für 100 neu freigesetzte CO_2-Moleküle 43 (weitgehend andere) CO_2-Moleküle in der Atmosphäre. Wie aber tauschen die CO_2-Moleküle die Informationen aus? Woher wissen die 43 »verbleibenden« CO_2-Moleküle, dass gerade 43 in der Atmosphäre bleiben sollen und dass gerade sie dazu gehören? Und woher weiß das 44. Molekül, dass es nicht mehr bleiben soll? Ende der Zwischenbemerkung.

Die »etablierte Klimawissenschaft« fasst das Konzept der airborne fraction als eine Weiterentwicklung der in Kapitel 5.3 beschriebenen Vorstellungen vom vollständigen Verbleib des anthropogen freigesetzten CO_2 in der Atmosphäre auf. Es ist aber – unabhängig von seiner physikalischen Zulässigkeit oder Unzulässigkeit – immer noch ein recht einfaches Konzept. Um die CO_2-Konzentration in der Atmosphäre genauer zu berechnen, muss man mehr tun.

Das macht die »etablierte Klimawissenschaft« auch. Konkret hat sie hierfür das »Bern Carbon Cycle Model« gewählt. In diesem Modell (benannt nach einer Forschergruppe in Bern) werden die anthropogenen CO_2-Freisetzungen eines Jahres als eine Art Störimpuls angesehen, der dem natürlichen Gleichgewicht zwischen der Atmosphäre und den anderen CO_2-Speichern aufgesetzt wird. Die als Störimpuls eingebrachte CO_2-Menge wird anschließend durch natürliche Prozesse (Einlagerung in Senken) wieder abgebaut. Aber nicht einheitlich, vielmehr wird die anthropogen eingebrachte Gesamtmenge in Teilmengen unterteilt, die dann mit je eigenen Zeitkonstanten abgebaut werden« (dazu gleich mehr). Diese Zeitkonstanten entsprechen grundsätzlich dem, was ich in Kapitel 5.3.4 für das CO_2 insgesamt als »Störungszeit« bezeichnet habe, nur hier eben nicht als einheitlicher Wert für das gesamte CO_2, sondern mit unterschiedlichen Werten für jede Teilmenge. Man könnte auch sagen, dass wir jetzt eben mehrere »Störungszeiten« haben.

Die »etablierte Klimawissenschaft« berechnet dann, wie jede dieser Teilmengen, ihrer speziellen Zeitkonstanten folgend, von Jahr zu Jahr kleiner wird. Das heißt, eigentlich macht die »etablierte Klimawissenschaft« es genau umgekehrt: Sie berechnet nicht den Abbau, sondern, dem Konzept der »airborne fraction« entsprechend, den Verbleib. Die »etablierte Klimawissenschaft« berechnet, wie viel CO_2 einer jeden Teilmenge zu einem bestimmten Zeitpunkt noch in der Atmosphäre »verblieben« ist. Von den Teilmengen mit langen Zeitkonstanten ist das noch recht viel, von den Teilmengen mit kurzen Zeitkonstanten entsprechend weniger.

Bei fortgesetzter anthropogener CO_2-Freisetzung fasst die »etablierte Klimawissenschaft« die Freisetzung in jedem Jahr als einen eigenen Störimpuls auf. Für jeden solchen Störimpuls berechnet sie, wie viel von jeder seiner Teilmengen wann noch in der Atmosphäre »verblieben« ist. Die Summe aller »verbliebenen« Teilmengen aller Störimpulse ist dann die zu einem bestimmten Zeitpunkt insgesamt in der Atmosphäre zusätzlich zum natürlichen Gleichgewicht noch enthaltene (»verbliebene«) CO_2-Menge.

Hinweis: Die Anführungszeichen beim Wort »verblieben« in den letzten beiden Absätzen sollen daran erinnern, dass es nicht um individuelle CO_2-Moleküle geht, die als solche tatsächlich in der Atmosphäre verblieben sind, sondern um entsprechende CO_2-Mengen, die zusätzlich zum natürlichen CO_2-Gehalt der Atmosphäre noch in dieser verblieben sind, egal, aus welchen CO_2-Molekülen sich diese Mengen zusammensetzen. Die in der letzten Zwischenbemerkung geäußerte Kritik, dass das ohne Informationsaustausch zwischen den CO_2-Molekülen gar nicht gehen kann, gilt hier genauso. Ende des Hinweises.

Soweit das Konzept, jetzt machen wir es quantitativ: Im Zweiten Sachstandsbericht 1995 hat IPCC für jeden Störimpuls sechs Teilmengen mit folgenden Parametern angegeben: 14 % verbleiben permanent in der Atmosphäre (Zeitkonstante unendlich), 13 % werden mit einer Zeitkonstanten von 371,6 Jahren abgebaut, 19 % mit 55,7 Jahren, 25 % mit 17,01 Jahren, 21 % mit 4,16 Jahren und 8 % mit 1,33 Jahren. Man beachte die Genauigkeit, bis zu zwei Stellen hinter dem Komma! Eine plausible physikalische Begründung, warum gerade sechs Teilmengen und warum mit diesen Prozentsätzen und Zeitkonstanten habe ich nicht finden können.

In den weiteren Sachstandsberichten war es prinzipiell ähnlich, im Detail aber doch erheblich anders: Im Vierten Sachstandsbericht aus dem Jahre 2007 z. B. waren es vier Teilmengen mit folgenden Werten: 21,7 % verbleiben permanent, 25,9 % werden mit einer Zeitkonstanten von 172,9 Jahren abgebaut, 33,8 % mit 18,5 Jahren und 18,6 % mit 1,186 Jahren. Hier sind es sogar drei Stellen hinter dem Komma, aber das eben bei vier statt bei sechs Teilmengen! In anderen Berichten der »etablierten Klimawissenschaft« gibt es noch andere, prinzipiell ähnliche Wertesätze. Plausible Begründungen, warum gerade so, habe ich in keinem Fall finden können. Vermutlich wurde einfach immer per Computer errechnet, mit welchen Werten sich eine möglichst genaue Anpassung an die historischen Freisetzungs- und Konzentrationswerte ergibt. Es wurde auch tatsächlich eine gute Übereinstimmung erreicht. Das beeindruckt mich aber noch nicht, denn mit hinreichend vielen anpassbaren Parametern kann man jede vorgegebene Kurve gut nachempfinden. Das ist reine Mathematik, nicht Physik.

Sicherlich hatte und hat der IPCC generell die Absicht, den anthropogenen Klimawandel zu beweisen und eher drastisch darzustellen. Das war ja wohl auch sein Gründungsauftrag. Dass das prinzipiell problematisch ist, sei hier nur kurz angemerkt, ohne darauf näher einzugehen. Ich kann mich aber des Eindruckes nicht erwehren, dass hier noch ein Spezialproblem hinzu kommt: Bei der Konzeptfindung und bei der Festlegung von Details hat der IPCC sich offensichtlich stets mehr von der mathematischen Optimierung des Modells leiten lassen als vom physikalischen Hintergrund. Im Zeitalter der Großrechner mit riesigen Rechenleistungen ist die Verlockung hierzu groß, doch stehen die Ergebnisse dann immer auf prinzipiell unsicheren Beinen. Beim Verbleib von CO_2 in der Atmosphäre scheint mir das besonders der Fall zu sein. In meinen Augen kann ein Konzept, das nicht streng auf physikalisch relevanten Größen aufbaut, keine brauchbaren Aussagen liefern.

Aber IPCC und die »etablierte Klimawissenschaft« rechnen die Gruppenstärken und die zugehörigen Zeitkonstanten auf das Genaueste aus und sie errechnen mit diesen Wertesätzen dann die zukünftigen CO_2-Konzentrationen für unterschiedliche zukünftige Freisetzungsszenarien. Die Ergebnisse gehen dann in die Klimarechnungen ein und sind so die Basis für die üblichen drastischen Warnungen vor katastrophalen anthropogenen Klimaänderungen bzw. für die Forderungen nach entsprechenden Begrenzungen der anthropogenen Freisetzungen!

Nochmals: Bei der Rechenweise der »etablierten Klimawissenschaft« werden die in jedem Jahr freigesetzten CO_2-Moleküle in Gruppen unterteilt, die sich dann unterschiedlich (nach unterschiedlichen Zeitkonstanten) verhalten. Eine Gruppe hat die Zeitkonstante unendlich. Diese Moleküle (genauer: Eine gleich große CO_2-Menge) verbleiben unbegrenzt in der Atmosphäre. Die anderen Gruppen (genauer: Entsprechend große CO_2-Mengen) verschwinden irgendwann einmal wieder. Sie bleiben allerdings umso länger, je größer ihre Zeitkonstante ist. Nur die Gruppe mit der kürzesten Zeitkonstanten verbleibt nur relativ kurz, sie wird entsprechend schnell ausgeschieden. Aber das alles ist eindeutig unzulässig, weil die CO_2-Moleküle sich nicht voneinander unterscheiden! Man darf nicht Gruppen bilden, die sich dann unterschiedlich verhalten! Man kann es auch so sagen: CO_2 ist CO_2.

Doch schauen wir uns die Sache trotzdem genauer an: Die in jedem Jahr neu freigesetzten CO_2-Moleküle werden von der »etablierten Klimawissenschaft« in Teilmengen mit unterschiedlichen Zeitkonstanten aufgeteilt. Eine kurze Zeitkonstante erhält dabei immer nur eine recht kleine Teilmenge (siehe die Werte oben). Diese (wenigen) CO_2-Moleküle verschwinden auch einigermaßen schnell aus der Atmosphäre. Zurück bleiben vorwiegend CO_2-Moleküle aus Teilmengen mit deutlich längeren Zeitkonstanten. Die verschwinden nur ganz langsam. Noch stärker ausgeprägt ist das bei den CO_2-Molekülen, die aus Vorjahren noch übrig geblieben sind: Diese gehören erst recht praktisch ausschließlich zu Teilmengen mit langen Zeitkonstanten. Bei einer Freisetzungsrate von einem Prozent des Inventars pro Jahr (das ist in etwa der derzeitige Wert) sind die allermeisten CO_2-Moleküle in der Atmosphäre »alt«. Folgerichtig gelten nach Meinung der »etablierten Klimawissenschaft« in jedem Zeitpunkt für fast alle CO_2-Moleküle in der Atmosphäre lange Zeitkonstanten. Der Abbau geht daher immer nur sehr langsam voran. Dadurch erhält man systematisch sehr hohe zukünftige CO_2-Konzentrationen und damit entsprechend hohe Klimaprognosen.

Aber das liegt eben am (unzulässigen!) Berechnungsverfahren. Richtigerweise müsste man alle zu einem bestimmten Zeitpunkt in der Atmosphäre vorhandenen CO_2-Moleküle, alte wie neue, in einen Topf werfen und diesen

Topf dann ohne Unterteilung (Ununterscheidbarkeit!) nach einheitlichen Vorgaben entleeren. Das Entleeren geschieht durch Einbau des CO_2 in andere Speicher (Senken). Diese Senken richten sich nur nach den physikalisch/chemischen Gesetzen für den Materialaustausch zwischen Speichern. Die CO_2-Moleküle sind für sie alle gleich, unabhängig davon, woher diese Moleküle kommen und wie lange sie schon in der Atmosphäre sind. Die Senken unterscheiden sich aber untereinander. Sie arbeiten daher unterschiedlich schnell, also mit unterschiedlichen Zeitkonstanten. Je kürzer die Zeitkonstante ist, desto mehr CO_2-Moleküle werden pro Sekunde in die entsprechende Senke überführt. Die Senke mit der kürzesten Zeitkonstanten entnimmt daher am meisten CO_2-Moleküle, die Senken mit deutlich größeren Zeitkonstanten spielen nur eine sehr untergeordnete Rolle. Für alle Zeitkonstanten und damit für alle Senken ist die Entnahme aus der Atmosphäre umso größer, je höher die CO_2-Konzentration in dieser ist.

Diese unterschiedliche Rechenweise hat gravierende Folgen: Rechnet man wie die »etablierte Klimawissenschaft«, gelten für fast alle CO_2-Moleküle lange Zeitkonstanten, rechnet man physikalisch richtig, kommt für fast alle CO_2-Moleküle die kürzeste Zeitkonstante zum Tragen. Die Ergebnisse unterscheiden sich stark.

Der grundlegende Fehler der »etablierten Klimawissenschaft« scheint mir darin zu liegen, dass diese die unterschiedlichen Zeitkonstanten den einzelnen CO_2-Molekülen bzw. Molekülgruppen in der Atmosphäre zuordnet. Die CO_2-Moleküle sind aber alle gleich, sie unterscheiden sich weder individuell noch gruppenweise. Die unterschiedlichen Zeitkonstanten gehören eindeutig nicht zu ihnen, sondern zu den Senken! Nur mit der richtigen Zuordnung kann man auch richtig rechnen! Über den Abbau entscheidet nun einmal nicht das CO_2, sondern darüber entscheiden die Senken! Das wird von der Logik her zwingend gefordert.

Solange die Senken sich nicht wesentlich verändern, sind die Zeitkonstanten, ihrem Namen entsprechend, tatsächlich konstant. Infolge ihrer kurzen Zeitkonstanten sind die Speicher »Wasser« und »Biomasse« real die mit Abstand wichtigsten Senken für CO_2 aus der Atmosphäre. Bei ihnen ist eine Veränderung nicht in Sicht, weil bei ihnen eine Sättigung nicht absehbar ist (siehe Kapitel 5.3.6). Die gesamte Entnahme von CO_2-Molekülen aus der Atmosphäre wird daher in jedem Zeitpunkt von den kurzfristigen Senken »Wasser« und »Biomasse« dominiert. Die längerfristigen Senken tragen immer nur wenig bei.

Weil das so wichtig ist, möchte ich es nochmals etwas anders betrachten: In Kapitel 5.3.4 hatte ich die »Störungszeit« (für das CO_2 insgesamt, ohne Gruppeneinteilung) als eine Art Analogon zur Halbwertszeit eines radioaktiven Stoffes bezeichnet. In beiden Fällen verschwindet die Hälfte der zunächst vorhandenen Teilchen innerhalb einer solchen Halbwertszeit bzw. Störungszeit. In der nächsten solchen Zeit verschwindet wieder die Hälfte der noch verbliebenen Teilchen, und so weiter. Diese Analogie ist meines Erachtens hilfreich, den Abbauprozess zu veranschaulichen. Sowie man jedoch weiter unterteilt, gilt diese Analogie nicht mehr. Deswegen nicht mehr, weil es sich dann entscheidend auswirkt, dass bei der Radioaktivität die »Halbwertszeit« eine charakteristische Eigenschaft der weniger werdenden (zerfallenden) Substanzen ist, während beim CO_2-Abbau die »Störungszeit« bzw. die dieser entsprechende »Zeitkonstante« eine charakteristische Eigenschaft der Senken ist, in die die Substanzen ausgelagert werden. Im Einzelnen:

Bei einem Gemisch von radioaktiven Stoffen haben die einzelnen Teilmengen ihre jeweils zugehörige Halbwertszeit und eine jede Teilmenge zerfällt nach ihrer speziellen Halbwertszeit. Der Ablauf ist für jede Teilmenge fest, völlig unabhängig davon, ob es auch andere Teilmengen gibt und was die tun. Sind die kurzlebigen Teilmengen weg (zerfallen), bleiben nur mehr Teilchen von Teilmengen mit langen Halbwertszeiten übrig. Der weitere Zerfall erfolgt dann nur mehr entsprechend langsam.

Die Entnahme von CO_2 aus der Atmosphäre verläuft jedoch völlig anders. Sie richtet sich nicht nach den Eigenschaften des CO_2, sondern nach den Eigenschaften der Senken. Nur dadurch können überhaupt unterschiedliche Entnahmeraten erreicht werden, denn die CO_2-Moleküle sind ja, wie schon mehrfach gesagt, alle gleich. Die Senke mit der kürzesten Zeitkonstanten entnimmt zu jedem Zeitpunkt besonders viele Moleküle, die anderen Senken entnehmen entsprechend weniger. Diese bevorzugte Entnahme durch die kurzfristigste Senke gilt immer, solange es überhaupt noch CO_2-Moleküle in der Atmosphäre gibt. Die anderen Senken werden in ihrer Wirkung insofern durch die kurzfristigen Senken beeinflusst, als diese ihnen die meisten

CO$_2$-Moleküle gewissermaßen vor der Nase wegschnappen, bevor sie überhaupt eingreifen können. Die Wirkung der langfristigen Senken wird daher reduziert.

Ich möchte den Unterschied noch etwas klarer herausarbeiten: Die Rechenweise der »etablierten Klimawissenschaft« richtet sich nach dem Konzept des radioaktiven Zerfalls. Die einzelnen CO$_2$-Moleküle haben eine fest zugeordnete Zeitkonstante (wie eine Halbwertszeit), die (wenigen) CO$_2$-Moleküle mit einer kurzen Zeitkonstanten verschwinden relativ rasch, in der Atmosphäre vorhanden (verblieben) sind daher zu jedem Zeitpunkt fast nur CO$_2$-Moleküle mit langen Zeitkonstanten. Die bestimmen das Geschehen. Entsprechend langsam erfolgt der Abbau einer zunächst erhöhten CO$_2$-Konzentration, bzw. entsprechend viel CO$_2$ sammelt sich bei fortgesetzter Freisetzung in der Atmosphäre an.

Die sachlich richtige Rechenweise richtet sich demgegenüber nach den Senken. Diese greifen alle parallel auf alle (ununterscheidbaren) CO$_2$-Moleküle in der Atmosphäre zu. Die kurzfristigste Senke ist dabei die wirksamste, sie bestimmt das Geschehen. Immer, solange es zu viele CO$_2$-Moleküle in der Atmosphäre gibt. Die langen Zeitkonstanten gehen weitgehend leer aus. Entsprechend rasch erfolgt der Abbau einer zunächst erhöhten CO$_2$-Konzentration, bzw. entsprechend wenig CO$_2$ sammelt sich bei fortgesetzter Freisetzung in der Atmosphäre an.

Doch welche Bedeutung hat diese Diskussion hier für das Klimaproblem insgesamt? Die Verbleibdauer (Verweilzeit) des CO$_2$ in der Atmosphäre hat natürlich keinen Einfluss auf die Klimasensitivität des CO$_2$ und damit auch keinen Einfluss darauf, welches Klima sich bei einer bestimmten CO$_2$-Konzentration einstellt (falls CO$_2$ überhaupt der dominante Klimatreiber ist). Die Verbleibdauer hat aber einen ganz wesentlichen(!) Einfluss darauf, wann diese CO$_2$-Konzentration erreicht wird! Wenn man richtig rechnet, geht das langsam, dann ist das Klimaproblem zeitlich ganz wesentlich entspannt. Uns läuft keine Zeit davon, es gibt keinen unmittelbar bevorstehenden point of no return, wir haben auf jeden Fall ausreichend Zeit, alle noch offenen Fragen sorgfältig zu klären. Bei richtiger Rechnung ist das Klimaproblem ein ganz anderes als nach den Rechnungen der »etablierten Klimawissenschaft«! Man könnte auch von einem echten Paradigmenwechsel sprechen!

Ich möchte den grundlegenden Sachverhalt so zusammenfassen: Wie stark der Mensch das Klima beeinflusst, darüber entscheidet vor allem die Klimasensitivität des CO_2. Wie schnell der Mensch das Klima beeinflusst, darüber entscheidet vor allem die Verbleibdauer des CO_2 in der Atmosphäre. Bei der Klimasensitivität gibt es begründete Zweifel an einem hohen Wert (siehe den Hauptteil dieses Buches), die anthropogene Klimaerwärmung wird daher eher nicht so groß sein, wie mehrheitlich angenommen. Aber wie auch immer dieser Streit ausgehen wird, der Verbleib ist unbestreitbar und auf jeden Fall relativ kurz! Das Klimaproblem ist daher gesichert zeitlich wesentlich entspannter, als mehrheitlich angenommen wird. »Der Untergang ist nah«, ist eindeutig falsch! Entsprechend falsch sind auch alle daraus abgeleiteten Schlussfolgerungen. Da ist eigentlich nichts mehr offen, man muss es nur das, was man wissen kann, auch zur Kenntnis nehmen. Grund für einen »Klimanotstand« gibt es jedenfalls keinen.

Die Zweifel an einer hohen Sensitivität begründen die Forderung nach einer nochmaligen sorgfältigen Überprüfung der Größe des Treibhauseffektes (und anderer Klimaeinflüsse), der kurze Verbleib gewährleistet uns, die dafür erforderliche Zeit auch tatsächlich zur Verfügung zu haben. Das »Klima« bleibt natürlich ein wichtiges Thema, aber drängend sind nicht Gegenmaßnahmen, sondern Antworten auf die noch offenen Fragen.

12 Sachregister

13 Literaturverzeichnis

/Alt 2018/:	Prof. Helmut Alt, Fachhochschule Aachen, Ausgewählte Kapitel der Energiewirtschaf, Hilfsbericht 358: »Stromerzeugungsmix und Leistungsbedarf im August 2018«.
/Altm 2013/:	»Energiewende könnte bis zu einer Billion Euro kosten«, Umweltminister Altmaier, Interview in der FAZ, 19.02.2013.
/Aus 2017/:	Ausfelder et al.: »Sektorkopplung – Untersuchungen und Überlegungen zur Entwicklung eines integrierten Energiesystems«, Schriftenreihe »Energiesysteme der Zukunft«, München 2017.
/Buch 2019/:	Ch. Buchal, H-D Karl und Hans-Werner Sinn: »Kohlemotoren, Windmotoren und Dieselmotoren: Was zeigt die CO_2-Bilanz?«, ifo-Schnelldiendst 8/2019, 25. April 2019.
/Chr 2016/:	John R. Christy, Testimony to U. S. House Committee on Science, Space & Technology, 2 Feb. 2016.
/Con 2019/:	R. Connolly et al.: »Nothern Hemisphere Snow-Cover Trends (1967–2018): A Comparison between Climate Models and Observations«, Geoscience 2019, 9, 135.
/Cur 2018/:	Judith Curry: Special Report »Sea Level and Climate Change«, Climate Forecast Association Network, 25 November 2018.
/Die 2007/:	Peter Dietze: »Energie, CO_2 und Klima«, eta[Energie] #1/2007 (Succidia Verlag).
/Ditt 2018/:	Siegfried Dittrich »Wieviel Mensch steckt eigentlich hinter dem so sehr gefürchteten Klimawandel? Warum lassen wir bei Streitfragen nicht einfach die Fakten Sprechen?«, Fusion, Vol. 39, 2018, Nr. 2.
/DMI 2018/:	»Current Surfice Mass Budget of the Greenland Ice Sheet«, Danish Meteorological Institute DMI, 2018.
/Duv 2018/:	Virginie K. E. Duvat: »A global assessment of atoll island planform changes over past decades«, Wiley WIREs Climate Change, first published 25. Oct. 2018.
/EEG 2017/:	»Gesetz für den Ausbau Erneuerbarer Energien«, Deutscher Bundestag, in Kraft getreten am 01.01.2017.

/Enk 2018/:   Sandra Enkhardt: »Redispatchkosten steigen auf 1,4 Milliarden Euro 2017«; PV-Magazin, 18. Juni 2018.

/Gor 2007/:   Rede von Al Gore anlässlich der Verleihung des Friedensnobelpreises 2007 in Oslo; *https://www.nobelprize.org/prizes/ peace/2007/gore/26118-al-gore-nobel-lecture-2007/*.

/Har 2013/:   Hermann Harde: »Radiation and Heat Transfer in the Atmosphere: A Comprehensive Approach on a Molecular Basis«, International Journal of Atmospheric Sciences, Vol. 2013, Corrections July 29, 2013.

/IPCC 2007/:   IPCC AR 4, International Panel on Climate Change: Assessment Report 4, 2007; *https://www.ipcc.ch/*.

/IPCC 2014/:   IPCC AR 5, International Panel on Climate Change: Assessment Report 5, 2014; *https://www.ipcc.ch/*.

/IPCC 2018/:   IPCC SR 1.5, International Panel on Climate Change: Special Report Global Warming of 1,5°C, Oktober 2018; *https://www.ipcc.ch/*.

/Ken 2018/:   P. S. Kench et al.: »Patterns of island change and persistence offer alternate adaption pathways for atoll nations«, Nature Communications, volume 9, Article number 605 (2018).

/Kirk 2016/:   J. Kirkby et al.: »Ion-induced nucleation of pure biogenic paricles«, Nature, volume 533, May 2016.

/Klot 2018/:   P. J. Klotzbach et al.: »Continental U. S. Hurricane Landfall Frequency And Associated Damage – Observations And Future Risks«, American Meteorological Society, July 2018.

/Kru 2015/:   Michael Krueger: »Ein Exkurs zur aktuell gemessenen Klimasensitivität und absoluten Globaltemperatur«, Beitrag im ScienceSkepicalBlog vom 27. April 2015.

/Lor 1972/:   E. N. Lorenz: »Predictability: Does the flap of a butterfly's wings in Brazil set off a tornado in Texas?«, Vortrag auf der Jahrestagung der American Association for the Advancement of Science, 1972.

/Maue 2019/:   Dr. Ryan N. Maue: »Global Tropical Cyclone Activity«, updated Jan. 13, 2019; *http://www.policlimate.com/tropical/*; Hintergrundmaterial in Rayan N. Maue: »Recent historically low global tropical activity«, Geophysical Research Letters, Vol. 38, 2011, *https:// agupubs.onlinelibrary.wiley.com/doi/full/10.1029/2011GL047711*.

/Mee 2009/: G. A. Meehl et al.: »Amplifying the Pacific Climate System Response to a Small 11-Year Solar Cycle Forcing«; Science 28 Aug 2009, Vol. 325, Issue 5944, DOI: 10.1126/science.1172872.

/Meer 2018/: meereisportal.de; Kooperationsprojekt: REKLIM (Helmholtz-Forschungsverbund Regionale Klimaänderungen), Alfred-Wegener-Institut und Universität Bremen (IUP), aktuelle Karten der Arktis und Antarktis, 21.12.2018.

/MPG 2013/: E. Harris et al.: »Sulfat-Aerosole kühlen das Klima weniger als gedacht«, Veröffentlichung der Max Planck Gesellschaft 9. Mai 2013; Originalpublikation: E. Harris et al. »Enhanced role of transition metal ion catalysis during in-cloud oxidation of SO_2«, Science, 10. Mai 2013.

/NASA 2015/: NASA Study: »Mass Gains of Antarctic Ice Sheet Greater than Losses«, Eintrag auf der NASA-Homepage Oct. 30, 2015, Page Updated Aug. 7, 2017; veröffentlicht in Journal of Glaciology 61(230), 1019–1036, Zwally et al.

/Pie 2018/: Roger Pielke Jr.: »Tracking progress on the economic costs of disasters under the indicators oft he sustainable development goals«, *https://www.tandfonline.com/doi/abs/10.1080/17477891.2018.1540343?journalCode=tenh20.*

/Qua 2018/: Volker Quaschning: Erneuerbare Energien und Klimaschutz, Statistiken, Weltweite Kohlendioxidemissionen und -konzentrationen in der Atmosphäre, 03/2018; *https://www.volker-quaschning.de/.*

/Rid 2018/: Peter Ridd: »Crying Wolf Over The Great Barrier Reef« Global Warming Policy Forum, 12 December 2018.

/Sca 2012/: Nicola Scafeta: »Der vergessene natürliche 60-Jahres-Zyklus«, Gastbeitrag in Fritz Vahrenholt, Sebastian Lüning: »Die kalte Sonne – Warum die Klimakatastrophe nicht stattfindet«, ISBN 978-3-455-50250-3.

/Sci 2016/: »Unser blauer Planet wird grüner – Steigender Kohlendioxidgehalt der Luft fördert das Pflanzenwachstum«: *https://www.scinexx.de/news/geowissen/unser-blauer-planet-wird-gruener/.*

/Sci 2017/: »Klimawandel kurbelt globale Fotosynthese an – Primärproduktion der Vegetation ist in den letzten 200 Jahren um 30 Prozent gestiegen«: *https://www.scinexx.de/news/geowissen/klimawandel-kurbelt-globale-fotosynthese-an/.*

/Sha 2003/:   Nir J. Shaviv, Jan Veizer: »Celestial Driver of Phanerozoic Climate?«; GSATODAY, Vol. 13, No. 7, July 2003.

/Sinn 2017/:   Hans Werner Sinn: »Buffering Volatlity: A Study on the Limits of Germany's Energy Revolution«, CESIFO Working Paper No. 5950, June 2017.

/Spen 2019/:   Dr. Roy Spencer, *www.drroyspencer.com/* Latest Global Temp. Anomaly (December `18: +0,25°C).

/Str 2018/:   W. Straßburg: »Ist die Energiewende machbar? Ein Plädoyer für mehr Sachlichkeit und weniger Ideologie«; in Denkanstöße. Journal der Sächsischen Akademie der Wissenschaften, Heft 20, 2018.

/Sven 1997/:   H. Svensmark, E. Friis-Christensen: »Variation of cosmic ray flux and global cloud coverage – a missing link in solar-climate relationships«, Journal of Atmospheric and Solar-Terrestrial Physics, Vol. 59, No. 11, 1997.

/Sven 2016/:   J. Svensmark et al.: »The response of clouds and aeroslos to cosmic ray decreases«; Journal of Geophysical Rsearch: Space Physics, 121, 8152–8181, doi: 10.1002/2016JA022689.

/Sven 2017 A/: H. Svensmark et al.: »Increased ionisation supports growth of aerosols into cloud condensation nuclei«, nature communications 8, 19. 12. 2017.

/Sven 2017 B/: H. Svensmark: »Current models have sevenfold underestimate of solar effect on climate«; posted on Dec. 2017 by tallbloke in Astrophysics, atmsopere, climate, cosmic rays, solar system dynamics; *http://tallbloke.wordpress.com/2017/12/19/henrik-svensmark-current -models-have-sevenfold-underestimate-of-solar-effect-on-climate/.*

/Sven 2018/:   Svensmark Sr. & Jr.: »The Connection between cosmic rays, clouds and Climate«, Presentation in the House of Lords, London, 13 March 2018.

/TAB 2011/:   Büro für Technikfolgen-Abschätzung beim Deutschen Bundestag, T. Petermann et al.: »Was bei einem Blackout geschieht – Folgen eines langandauernden und großflächigen Stromausfalls«, ISBN 978-3-8360-8133-7, *http://dnb.d-nb.de.*

/The 2016/:   »Scientists make news clouds which may lessen global warming«, The Daily Star, May 27, 2016; *https://www.thedailystar.net/science/scientists-make-news-clouds-which-may-lessen-global-warming-1230265.*

/Tritt 2004/:   Jürgen Trittin, Bundesumweltminister: »Es bleibt dabei, dass die Förderung erneuerbarer Energien einen durchschnittlichen Haushalt nur rund 1 Euro im Monat kostet – so viel wie eine Kugel Eis«, Pressemitteilung 231/04 des Bundesministeriums für Umwelt, Naturschutz und Reaktorsicherheit vom 30.07.2004.

/UAH 2018/:   University of Alabama in Huntsville: »Global Temperature Report: December 2018«, *https://www.nsstc.uah.edu/climate/*.

/UN 2015/:   United Nations, Framework Convention on Climate Change, Conference of the Parties, twenty-first session, Paris 30 November to 11 December 2015.

/Var 2012/:   Fritz Vahrenholt und Sebastian Lüning: »Die Kalte Sonne – Warum die Klimakatastrophe nicht stattfindet«, Abb. 27 auf p. 129; Hoffmann und Campe Verlag, Hamburg, 2012; ISBN 978-3-455-50250-3.

/Vernunftkraft/: *https://www.vernunftkraft.de/bundesinitiative/*.

/VGB 2018/:   T. Linnemann, S. Vallana: »VGB-Studie zur Windenergie in Deutschland und Europa – Teil 2«, 11.06.2018.

/Web 2010/:   W. Weber: »Strong signature of the active Sun in 100 years of terrestrial insolation data«, Annalen der Physik 522, No. 6, 2010.

/Welt 2018/:   »Das Grönlandeis verschwindet nicht so einfach«, Die Welt, 22.12.2018, *http://www.welt.de/113103632*.

/Wet 2018/:   Danuekl Wetzel: »Forscher klären endlich, ob Windkraft krank macht«, Die Welt, 26.02.2018.

/WMO 2019/:   World Meteorological Organisation WMO/ World Climate Services Programme/ Climate Data and Monitoring/ Global climate data sets/ Global surface temperature data sets; abgefragt am 21.01.2019.

/Woo 2002/:   T. N. Woods, G. J. Rottman: »Solar Ultraviolet Variability Over Time Periods of Aeronomic Interest«, Atmospheres in the Solar System: Comparative Aeronomy, Geophysical Monograph 130.

14 Über den Autor

Dr. Eike Roth wurde 1941 in Kronstadt, Siebenbürgen, geboren. Er studierte in Wien Physik und promovierte 1967 dort zum Doktor der Philosophie, Fachrichtung Physik. Beruflich war er im Gebiet der Kernenergie tätig, zum Schluss als Technischer Leiter in einem großen deutschen Kernkraftwerk. Seit seiner Pensionierung lebt er wieder in Österreich.

Durch den Beruf bedingt und aus persönlichem Interesse hat er sich schon früh intensiv mit Fragen des Energiebedarfs der Menschen, seiner Deckung und den Auswirkungen auf Lebensbedingungen und Umwelt beschäftigt. Das macht er auch heute noch. Zentrales Thema war und ist dabei das Klimaproblem. Er hat sich an zahlreichen Diskussionen hierzu beteiligt, einschlägige Vorlesungen gehalten und Fachpublikationen geschrieben. Populärwissenschaftliche Bücher haben ihn in einem größeren Umfeld bekannt gemacht. Mit dem vorliegenden Buch will er ein weiteres Mal der Bringschuld der Wissenschaftler gegenüber der Öffentlichkeit nachkommen. Das auch deshalb, weil neuere Erkenntnisse eine Revision früherer Ansichten erforderlich machen.

Außerhalb von Beruf und Klimadiskussionen ist Eike Roth ein begeisterter Bergsteiger und hat auch ein Buch über Lawinen geschrieben. Auch dabei half ihm sein physikalisches Grundverständnis, komplizierte Sachzusammenhänge zu durchleuchten und verständlich darzustellen.